Dieses Buch wird dein Lernen verändern

Laura Hooymann

Dieses Buch wird dein ~~Leben~~ *Lernen* verändern

Schnell & sicher gute Noten

Inhalt

Vorwort

Weißt du, was sie dir in der Schule nicht beibringen?

Wie man eigentlich lernt. Von klein auf – vom ersten Tag in der Grundschule bis zum Tag, an dem wir unser Abschlusszeugnis in der Hand halten – werden wir mit tausenden Materialien überschwemmt, deren Inhalte wir von nun an aufzunehmen und zu behalten haben. Aber *wie* das eigentlich funktioniert – vor allem ohne irrsinnigen Zeitaufwand und ohne extremen Stress – das sagt einem niemand.

Viele Schüler:innen und Studierende (und vielleicht auch du) verlieren wertvolle Zeit mit ineffektivem Lernen und bekommen als Endergebnis nur Noten, mit denen sie unzufrieden sind. Frustrierend.

Vieles Lernen allein bringt den meisten nichts, weswegen sie (verständlicherweise) irgendwann den Kopf in den Sand stecken und einfach aufhören es weiter zu versuchen. Warum auch? Führt am Ende ja ohnehin nicht zum gewünschten Ergebnis.

Was aber, wenn ich dir sage, dass das auch anders gehen könnte? Dass sich, wenn wir einmal verstanden haben, wie Menschen eigentlich lernen, Methoden finden lassen, die jeder und jedem einzelnen von uns das Lernen erleichtern? Die uns bessere Noten verschaffen und Zeit sparen. Die unsere Motivation wieder nach oben bringen.

Denn diese Methoden gibt es. Ich bin auf die Suche gegangen, habe vielversprechende Techniken selbst getestet und die für mich besten in mein festes Lernrepertoire aufgenommen.

2019 habe ich mein Abitur mit einer Abschlussnote von 1,0 gemacht. Und das ohne extremen Lernaufwand und Stress. Ich konnte daneben noch viel Sport treiben, Freunde treffen, und allen anderen Hobbys nachgehen. Einfach nur, weil ich die richtigen Tools an der Hand hatte.

Seitdem helfe ich deutschlandweit anderen Schülerinnen, Schülern und Studierenden ebenfalls die für sie passende Strategien zu finden. Auf meinem YouTube-Kanal spreche ich wöchentlich über Lernmethoden, Wege, sich neu zu motivieren und Zeit in Schule und Uni zu sparen. Und immer wieder bekomme ich das Feedback: Es funktioniert! Nicht nur für mich, sondern für tausend andere auch.

Warum das so ist?

Weil diese Methoden wissenschaftlich fundiert sind. Sie entstammen jahrelanger Forschung im Bereich der kognitiven Neurowissenschaften und Psychologie und wurden in zahlreichen Studien immer und immer wieder als wirksam eingestuft.

Mein Ziel ist es, dir diese Forschung und vor allem die daraus abgeleiteten Methoden näherzubringen, damit du nach der Lektüre dieses Buches mit Leichtigkeit durch deinen Schul- oder Unialltag gehen kannst. Dafür bediene ich mich meines eigenen Wissens aus meinem Psychologiestudium, als auch einzelner konkreter Studien, die ich dir direkt vorstelle (keine Sorge, ich habe nur Spannende herausgesucht)

Also lass' uns gleich loslegen. Lass uns dein Lernen heute noch verändern!

TEIL 1

Wie Lernen wirklich funktioniert

Was passiert in deinem Gehirn, wenn du lernst?

Um in Zukunft smart an unseren Lernprozess herangehen zu können, sollten wir uns zunächst einmal anschauen, *wie* dieser eigentlich genau funktioniert. Also, was ist Lernen überhaupt? Und was passiert dabei in unserem Kopf?

Werfen wir dazu im ersten Schritt einmal einen Blick auf die einzelnen Akteure, die in diesem Zusammenhang eine Rolle spielen: unsere **Neuronen und Synapsen**.

Vereinfacht gesagt ist ein Neuron eine Zelle, die Reize empfängt (also auch alle Informationen, die wir beim Lernen aufnehmen), sie verarbeitet und wiederum an andere Neuronen weitergibt. Angenommen wir lesen gerade einen Text: Dann senden einige Neuronen in unserem Gehirn die Nachricht »Augen bewegen« an wieder andere Neuronen, und diese Nachricht wandert im Anschluss über unser Nervensystem bis zu unseren Augen. Die elektrischen Signale, die von einem Neuron zum anderen übertragen werden, ermöglichen es uns also, alles in die Tat umzusetzen, was wir eben tun möchten: hören, fühlen, denken, schreiben, sprechen, malen und so weiter.[1] Jeder von uns besitzt ca. 86 Milliarden dieser Neuronen.[2] Das ist fast das Tausendfache der Bevölkerung, die gerade in Deutschland wohnt!

---

1 *Blanchette Sarrasin J., Brault Foisy L.M., Allaire-Duquette G., Masson S. (2020). Understanding Your Brain to Help You Learn Better, Front. Young Minds, 8:54. DOI:10.3389/frym.2020.00054*

2 *www.dasgehirn.info/aktuell/frage-an-das-gehirn/wieviele-neuronen-hat-das-gehirn*

Die meisten dieser Neuronen sind übrigens miteinander verbunden, sodass man sich ihre Anordnung wie ein großes, verwobenes Spinnennetz vorstellen kann.

Wenn wir nun etwas Neues lernen – und zwar egal was – werden diese Verbindungen entweder neu aufgebaut oder verdichtet. Je nachdem wie viel Vorwissen wir schon zu einem bestimmten Thema haben.

Diese ziemlich beeindruckende Fähigkeit unseres Gehirns sich zu verändern, das heißt Verbindungen zwischen Neuronen zu schaffen, zu verstärken, zu schwächen oder abzubauen, nennt man **Neuroplastizität**.

Wichtig ist aber Folgendes: Je mehr wir etwas üben, das wir neu hinzugelernt haben, desto stärker werden die Verbindungen zwischen den Neuronen. Umgekehrt funktioniert das leider aber auch: Wenn wir aufhören etwas zu üben, schwächt sich die Verbindung zwischen unseren Neuronen ab und es wird uns damit auch schwerer fallen, das Gelernte wieder abzurufen. Deshalb ist es auch so mühsam, sich nach den Sommerferien an den bisherigen Lernstoff zu erinnern: Wir hatten in der Zwischenzeit einfach zu wenig Berührungspunkte damit, weswegen die Verbindungen zwischen den Neuronen in ihrer Intensität abgenommen haben.

So weit, so gut. Aber wie kommen wir nun von den wenig greifbaren Neuronen zu dem tatsächlichen Wissen in unserem Kopf?

Wie tickt unser Hirn?

Dafür ist es sinnvoll, einen genaueren Blick auf und in unser Gedächtnis zu werfen: Unser Gedächtnis ist ein komplexes System, das uns ermöglicht, Informationen zu speichern und abzurufen.[3] Es ist wichtig für unser Lernen, unser Denken und unser Handeln. Drei Komponenten sind in diesem Zusammenhang entscheidend für unseren Lernprozess:

Den Anfang machen unsere Sinneswahrnehmungen. Wir erfassen im Klassenzimmer beispielsweise über unsere Augen, wie jemand vor uns heimlich unter dem Tisch am Handy herumspielt. Über unsere Ohren nehmen wir wahr, was der Lehrer gerade mit Worten versucht zu vermitteln. Vielleicht riechen wir (Nase), dass jemand neben uns gerade eine Mandarine schält.

Diese Wahrnehmung läuft aber in einer Geschwindigkeit ab, die es uns unmöglich macht, jeden eintreffenden Reiz gleichzeitig bewusst zu registrieren. Denn er verbleibt nur maximal 200–500 Millisekunden[4] im sogenannten **sensorischen Register** (dem Ort, an dem die Sinnesreize verarbeitet werden). Das bedeutet: Wir verarbeiten zu jedem Zeitpunkt unglaublich viele Reize, können uns aber später nur an ganz spezifische erinnern. Welche das sind, bestimmt unsere Aufmerksamkeit. Fokussieren wir uns also stark auf die Worte unseres Lehrers, werden wir weniger den Duft der Mandarine wahrnehmen, und

---

3 *https://flexikon.doccheck.com/de/Ged%C3%A4chtnis*

4 *Chen H., Liu C., Wu Z., He Y., Wang Z., Zhang H., Wan Q., Hu W., Zhang D.W., Liu M., Liu Q., Zhou P. (2019). Time-Tailoring van der Waals Heterostructures for Human Memory System Programming. Adv. Sci. 2019, 6, 1 901 072. DOI:10.1002/advs.201901072*

fokussieren wir mehr auf den Duft der Mandarine, werden wir weniger vom tatsächlichen Inhalt des Unterrichts wahrnehmen (und behalten).

Im nächsten Schritt gelangen die sensorischen Informationen in unser **Arbeitsgedächtnis**. Viele bezeichnen es vereinfacht ausgedrückt als Kurzzeitgedächtnis, allerdings passiert hier zu viel, als dass man es lediglich als kurzen Zwischenspeicher abtun könnte.

Das Arbeitsgedächtnis ist die Verbindungsstelle zwischen sensorischem Register und Langzeitgedächtnis und *der* zentrale Ort für Informationsverarbeitungen aller Art. Alles, was uns im aktuellen Moment präsent ist, Gedanken, Meinungen, bewusst empfundene Gefühle etc., läuft hier ab. Leider hat das Arbeitsgedächtnis aber nur eine begrenzte Speicherdauer und Kapazität. Es kann nur zwischen fünf und sieben Informationen gleichzeitig behalten[5] und diese auch nur für circa 20 Sekunden[6].

Danach geht eine Information entweder verloren oder sie wandert ins **Langzeitgedächtnis**.

Dieses wiederum hat einen unbegrenzten Speicher – sowohl zeitlich als auch hinsichtlich der Datenquantität. Wenn eine Information es also einmal ins Langzeitgedächtnis geschafft hat, kann sie so gut wie nicht mehr vergessen werden. So etwas wie »vergessen« gibt es auch streng genommen gar nicht. In-

---

5 *Miller, G. (1955). The magical number seven, plus or minus two: Some limits on our capacity for processing information. Psychological Review Vol. 101, No. 2, 343–352.*

6 *www.pschyrembel.de/Ged%C3%A4chtnis/K08J9*

formationen sind immer irgendwo gespeichert – wir können nur Schwierigkeiten haben sie abzurufen (darauf kommen wir an anderer Stelle aber noch mal zu sprechen).

Wie schafft eine Information es nun ins Langzeitgedächtnis?

Es gibt verschiedene Kriterien, die das bestimmen: Eines davon heißt *Wichtigkeit*. Etwas, das für uns von Relevanz ist, wird in unser Langzeitgedächtnis transferiert. Hierzu zählen Informationen, die für unsere persönliche oder akademische Entwicklung wichtig sind oder für die Bewältigung von grundlegenden Aufgaben oder Problemen.

Daneben spielen auch *Emotionen* eine Rolle: Inhalte, die mit Emotionen verbunden sind, schaffen es ebenfalls prioritär ins Langzeitgedächtnis. Wenn uns also etwas extrem glücklich macht, merken wir uns das eher, als wenn uns etwas total gleichgültig ist. Ähnlich verhält es sich, wenn wir Angst vor etwas haben oder wenn wir wütend oder traurig sind.

Wiederholung ist ein weiterer Faktor, der begünstigend darauf einwirkt, dass eine Information ins Langzeitgedächtnis wandert. Wie schon gesagt, dabei werden die Verbindungen zwischen den Nervenzellen gestärkt, die im Lernprozess eine zentrale Rolle spielen. Wenn unser Lehrer uns beispielsweise gerade eine Vokabel und ihre Bedeutung erklärt hat, und wir sie direkt einige Male leise für uns wiederholen, erhöht das die Wahrscheinlichkeit, dass sie auch langfristig in unserem Gedächtnis verankert wird.

Zuletzt möchte ich noch das Thema *Verknüpfung* erwähnen – auch ein »Mechanismus«, den wir uns später mit Hilfe einiger spezifischer Lernmethoden noch zunutze machen werden. Was dahintersteckt? Neue Informationen, die bereits mit im Langzeitgedächtnis gespeicherten Informationen verknüpft sind, werden schneller ins Langzeitgedächtnis transferiert. Warum? Weil Informationen, die in einem Netzwerk von Informationen eingebettet sind, leichter zugänglich sind. Neuer Lernstoff wird nie isoliert gelernt. Er versucht immer, zu bereits Bekanntem dazuzustoßen. Je mehr Vorwissen wir also zu etwas haben, desto eher sind wir auch in der Lage, Wissen, das darüber hinausgeht, aufzunehmen.

Wichtig ist: Informationen, die im Langzeitgedächtnis gespeichert sind, sind zwar »sicher« (vor dem Vergessen), können uns aber nur durch ein Zurückrufen ins Arbeitsgedächtnis wieder bewusst gemacht werden. Genau dieser Prozess tritt ein, wenn wir eine Klausur schreiben und versuchen, uns an gelernte Informationen zu erinnern.

Wie bekommen wir Infos aus dem Langzeitgedächtnis wieder heraus?

Es gibt verschiedene Wege, wie Informationen aus dem Langzeitgedächtnis abgerufen werden können. Ein entscheidender Faktor ist die *Art von Hinweisen* oder *Stichworten* in der Umgebung, die wiederum aktivierend wirken.

Das allgemeine Prinzip, das der Wirksamkeit von Abrufhinweisen zugrunde liegt, ist die sogenannte **Enkodierungsspezifität**[7], welche die Psychologen Tulving und Thomson 1973 erst-

---

7 *https://lexikon.stangl.eu/7966/enkodierspezifitat*

mals in einer Studie nachgewiesen haben: Wenn Menschen sich an etwas erinnern, tun sie das am leichtesten, wenn die Umstände, in denen sie sich erinnern, den Umständen der Situation, in der sie etwas gelernt bzw. erlebt haben, ähneln. Nehmen wir zum Beispiel einen Song im Radio. Vielleicht haben wir ihn gehört, als wir irgendwann einmal auf einem Date waren und ein tiefgehendes Gespräch mit der jeweiligen Person führten. Das Gespräch, unsere Gefühle diesem Menschen gegenüber, Gerüche und eben auch der Song ergaben zusammengenommen eine komplexe Erfahrungseinheit. Jahre später, wir haben schon lange nicht mehr an dieses Date gedacht, hören wir plötzlich genau dieses Lied wieder im Radio, und im Handumdrehen kommt uns das ganze Erlebnis wieder in den Sinn. Genauso könnte es uns gehen, wenn wir plötzlich einem bestimmten Geruch wiederbegegnen, den wir ebenfalls während des Treffens wahrgenommen haben. Oder einem bestimmten Geschmack, den wir in dem Moment geschmeckt haben (zum Beispiel, weil wir dabei etwas Bestimmtes gegessen haben).

Generell gilt also: Je passgenauer der gegenwärtige Hinweis mit dem Erinnerungskontext übereinstimmt, desto zielgerichteter wird die Erinnerung abgerufen.

In einem berühmten Experiment der Psychologen Godden und Baddely hierzu[8] mussten sich Probandinnen und Probanden eine Reihe von Wörtern in einer ungewöhnlichen Umgebung, nämlich einem Tauchbecken einprägen. Später wurde ein Teil von ihnen im Tauchbecken, der andere an einem anderen Ort

---

8 Godden, D. R., Baddeley, A. D. (1975). Context-dependent memory in two natural environments: on land and underwater. British Journal of Psychology, 66, 325–331.

auf die gelernten Wörter getestet. Die Teilnehmer:innen, die den Test an dem Ort absolvierten, an dem sie die Wörter gelernt hatten (im Tauchbecken), konnten sich tatsächlich an mehr Wörter erinnern als die Teilnehmer, die den Test in einer neuen Umgebung absolvierten. In diesem Fall lieferte der *physische Kontext* selbst Anhaltspunkte für die Reaktivierung des Wissens.

Wir merken uns also schon mal: Um unser Gedächtnis dabei zu unterstützen, Wissen abzurufen, kann es helfen, sich Lernstoffe in denjenigen Umgebungen einzuprägen, die den Umgebungen ähnlich sind, in denen das Wissen später getestet wird. Wenn wir also eine Klausur in einem absolut ruhigen Klassenzimmer schreiben, macht es wenig Sinn, zuhause im gemütlichen Bett mit Hintergrundmusik zu lernen.

Den Prozess der Wissensaneignung können wir außerdem bewusst mit bestimmten anderen Reizen paaren – zum Beispiel indem wir eine bestimmten Kaugummisorte kauen oder uns mit bestimmten Gerüchen umgeben – vorausgesetzt wir haben auf diese Reize auch während unserer Klausur Zugriff.

Warum funktionieren herkömmliche Lernmethoden nicht?

Nachdem wir uns mit den grundsätzlichen Mechanismen vertraut gemacht haben, die erklären, was das Gehirn beim Lernen eigentlich genau macht, können wir darauf aufbauend vielleicht besser verstehen, warum wir beim Lernen bisher eventuell nicht so viel Erfolg hatten wie erwünscht. Oder anders gesagt: Warum die allermeisten Lernmethoden, die man im Internet findet, oder die einem sogar explizit in der Schule vorgelebt werden, nicht funktionieren *können*.

Gehen wir also einmal Schritt für Schritt einzelne populäre Lernmethoden durch und nehmen dabei immer wieder Rückbezug auf die Funktionsweise des Gehirns.

Lesen und (wieder)lesen

Wenn du lernst, indem du deine Notizen – oder auch Textbücher – immer wieder liest, in der Hoffnung, dass das Wissen irgendwann einfach »sitzt«, habe ich leider schlechte Nachrichten für dich: Damit verschwendest du massiv Zeit und wirst auf diese Weise auch nicht dein Ziel erreichen, gute Noten zu schreiben. Zumindest nicht langfristig.

Das Hauptproblem bei dieser Methode: Es entsteht lediglich eine **Illusion von Wissen**[9]. Was heißt das?

---

9 *Sloman, S. & Fernbach, P. (2017). The knowledge illusion: The myth of individual thought and the power of collective wisdom. Pan Macmillan.*

Wenn wir denselben Text wiederholt lesen, lernen wir ihn kennen. Wir *gewöhnen* uns daran. Nach einer Weile haben wir das Gefühl, dass wir das Ganze *verstanden* haben.

Wenn wir nach einiger Zeit oder gar nur ein paar Tage später dieses Wissen wieder abrufen wollen, ist es weg.

Was ist passiert?

Wir haben Informationen gelesen und verstanden und setzen dieses *Verstehen* gleich mit *Wissen*. Aber *Wissen* würde voraussetzen, dass wir – ohne auf den Text zu schauen – dessen Inhalt perfekt abrufen könnten. Können wir aber in der Regel nicht.

Dazu habe ich noch ein schönes Beispiel aus meinem ganz persönlichen Alltag: Immer wenn ich eine Doku zu einem bestimmten Thema schaue (beispielsweise zu Walen), bin ich danach der festen Überzeugung, alles über das behandelte Thema zu wissen. Ich bin quasi ab diesem Zeitpunkt eine echte Wal-Expertin.

Aber ist das wirklich so?

Offen gestanden, eher nein. Wenn ich am darauffolgenden Tag einer Freundin von meinen neuesten Erkenntnissen erzählen möchte, stelle ich meist fest, dass ich gar nicht so viel weiß, wie gedacht. Ich kann plötzlich gar nicht mehr abrufen, was ich mir da eigentlich genau angesehen habe. Wichtige Details der Doku sind mir plötzlich komplett entfallen. Und das obwohl ich doch so sicher war, zu einer Expertin auf diesem Gebiet geworden zu sein …

Auch die Forschung zeigt, dass es nicht dasselbe ist, jemandem bei der Ausführung einer Tätigkeit zuzuschauen, die bestimmte Fähigkeiten verlangt, als sie selbst auszuführen, genauso wie das Wiederlesen von Informationen nicht darauf vorbereitet, sie auch tatsächlich abrufen zu können, wenn man später in einer Klausur sitzt.

In einer 2013 veröffentlichten Studie der Forscher Ryals und Cleary wurde mittels funktioneller MRT (fMRT) festgestellt, dass im Gehirn zwei verschiedene Bereiche für die Verarbeitung von Vertrautheit einerseits und Erinnerung (Wissen) andererseits zuständig sind: Der Hippocampus spielt eine Rolle beim Sich-Erinnern, während die vorderen Teile der parahippocampalen Region oder des medialen Temporallappens für die Vertrautheit verantwortlich sind.[10]

Halten wir also fest: Die eigenen Lernmaterialien immer und immer wieder durchzugehen, ohne sie tiefer zu reflektieren, *kann* nicht funktionieren kann und ist früher oder später zum Scheitern verurteilt.

---

10 Ryals, A. J., Cleary, A. M., Seger, C. A. (2013). Recall versus familiarity when recall fails for words and scenes: the differential roles of the hippocampus, perirhinal cortex, and category-specific cortical regions. Brain research, 1492, 72–91. DOI:10.1016/j.brainres.2012.10.068

Langes Lernen am Stück (am Tag vor der Klausur)

Bist du jemand, der oder die von sich behauptet, nur »unter Druck« gut lernen zu können und aus diesem Grund das Lernen bis zum letzten Tag aufschiebt?

Oder denkst du vielleicht, dass *eine* lange Lernsession sinnvoller ist als *viele kurze*, weil man es dann einmal hinter sich gebracht hat?

Ich gebe zu, mit dieser Lernmethode *kann* man an sich Erfolg haben. Allerdings nur kurzfristig und nur, solange der Lernstoff eine gewisse Menge nicht überschreitet.

Sobald mehrere Seiten Wissen gefordert sind oder die Klausur noch mehr als 24 Stunden in der Zukunft liegt, wirst du mit diesem Ansatz vermutlich hoffnungslos scheitern. Der Grund dafür ist die sogenannte **Vergessenskurve**.

Diese wurde um ca. 1880 durch den deutschen Psychologen Hermann Ebbinghaus aufgestellt. Er lernte hierfür in einem Selbstversuch sinnlose Silben auswendig und maß anschließend in bestimmten Abständen das Vergessen. Dabei entstand folgende Kurve:[11]

Diese Kurve bildet ab, mit welch rascher Geschwindigkeit wir neu Gelerntes wieder »vergessen«. Der Begriff ist hier bewusst in Anführungszeichen gesetzt, da wir ja vorhin gelernt haben,

---

11 *https://blog.neuronation.com/de/die-vergessenskurve-nach-dr-ebbinghaus/*

dass es so etwas wie »Vergessen« eigentlich gar nicht gibt. Es ist eher so, dass wir keinen Zugriff mehr auf das abgespeicherte Wissen haben. Einfachheitshalber können wir, dieses Verständnis vorausgesetzt, aber gerne weiter von Vergessen sprechen.

Vergessenskurve nach Ebbinghaus

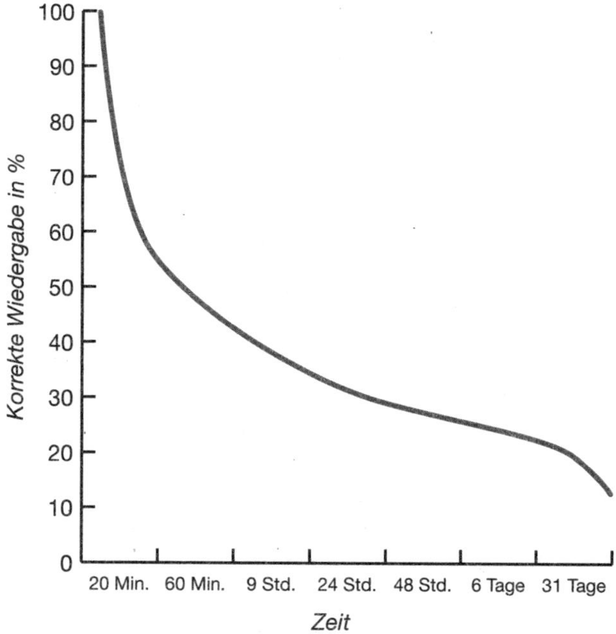

Wie du siehst, können wir schon nach ca. 30 Minuten nur noch etwa die Hälfte des gelernten Materials wieder abrufen. Wir haben also bereits die Hälfte des Stoffs wieder vergessen, ehe die betreffende Schulstunde oder Vorlesung vorüber ist!

Nach 24 Stunden können wir nur noch 30 Prozent des neu vermittelten Stoffs wiedergeben. Würden wir zu diesem Thema jetzt eine Klausur schreiben, würden wir sie noch nicht mal mehr bestehen!

Unglaublich oder, wie rasend schnell wir wieder vergessen? Wenn wir außerdem erst 24 Stunden vor einer Klausur anfangen zu lernen und vieles vielleicht zum allerersten Mal genauer anschauen, ist die Wahrscheinlichkeit hoch, dass wir unsere Prüfung so richtig in den Sand setzen.

Was du dagegen tun kannst?

Den Lernstoff regelmäßig wiederholen. Damit lässt sich der Verlauf der oben gezeigten Kurve komplett verändern. Welche Zeitabstände und welche Methoden hier konkret funktionieren, besprechen wir später genauer.

Wichtig ist nur: Klassisches »Bulimie-Lernen« wird dich nicht an deine Ziele bringen.

Zusammenfassungen schreiben

Komplexe Sachverhalte auf ihren Kern herunterzubrechen und dann neu aufzuschreiben war zumindest in meiner Schulzeit die am häufigsten genutzte Lernmethode. Auch jetzt im Studium sehe ich immer wieder Kommilitoninnen und Kommilitonen, die ellenlange Exzerpte schreiben.

Man kann nicht grundsätzlich behaupten, dass diese Lernmethode nicht funktionieren *kann*. Es kommt aber stark darauf an, *wie* man seine Zusammenfassungen schreibt. Die allermeisten verstehen unter Zusammenfassungen nämlich Texte entweder wortwörtlich abzuschreiben und nur teilweise zu kürzen. Oder die Texte deutlich zu kürzen, aber dennoch keine eigenen Erklärungen zu notieren. Viele machen sich auch kaum Gedanken zu Struktur und Aufbau der Zusammenfassungen, sodass Verbindungen innerhalb des Lernstoffes nicht erkannt werden können und sich generell kein tiefes Verständnis der Thematik aufbauen kann.

All das führt dazu, dass *passiv* gelernt wird. Beim passiven Lernen werden Informationen aufgenommen, ohne sie tiefer zu verarbeiten.

Warum aber ist dieses Vorgehen so ineffektiv?

Da dies ein wichtiger Punkt ist, um spätere, effektive Lernmethoden besser zu verstehen, gebe ich dir hier gleich mehrere Gründe mit an die Hand:

Zunächst einmal ist passives Lernen problematisch, da es keinerlei **Metakognition** in den Prozess mit einbezieht. Metakognition ist die Fähigkeit, über das eigene Denken nachzudenken.[12] Sie ermöglicht uns, Pläne und Strategien, die wir im Alltag (und somit auch beim Lernen) anwenden, zu überwachen und in der Folge auch anzupassen. Heißt vereinfacht gesagt: Mithilfe von Metakognition können wir schon während des Lernprozesses feststellen, ob eine bestimmte Lernmethode für uns funktioniert oder nicht.

---

12 www.spektrum.de/magazin/metakognition-bedeutung-und-neurobiologische-grundlagen/1337715

Dafür brauchen wir aber bestimmte Anhaltspunkte. Das kann beispielsweise das Feedback einer anderen Person sein oder die testweise Bearbeitung von Übungsfragen.

Keiner dieser Check-Ups findet bei Zusammenfassungen statt. Wir könnten Stunden mit dem Schreiben von Zusammenfassungen verbringen und am Ende würden wir immer noch nicht wissen, ob wir den Lernstoff auch wirklich wieder abrufen können, wenn es darauf ankommt. Einfach, weil wir keinerlei Selbst- oder Fremdabfrage durchführen.

Und zweitens: Passives Lernen widerspricht dem Muster, wie unser Gehirn eigentlich funktioniert.

Denn was ist unsere Aufgabe in einem Test oder in einer Klausur? Genau, Lernstoff, den wir einmal aufgenommen haben, wieder abzurufen.

Zu Beginn des Buches hast du schon erfahren, dass dies geschieht, indem Informationen aus dem Langzeitgedächtnis reaktiviert und bereitgestellt werden. Du hast auch gelernt, dass wir Informationen besonders schnell abrufen können, wenn wir sie exakt so abrufen, wie wir sie aufgenommen (gelernt) haben.

Vor diesem Hintergrund *kann* passives Lernen kaum funktionieren. Es kann uns helfen, Informationen *aufzunehmen*, also ins Langzeitgedächtnis zu verschieben. In der Klausur ist von uns aber nicht gefragt, Neues aufzunehmen, sondern Bekanntes *abzurufen*. Und das funktioniert einzig allein durch einen aktiven Abruf aus dem Langzeitgedächtnis. Und dieser muss vor der Klausur geübt werden.

Halten wir also fest: Zunächst einmal kommt es auf die Qualität der Zusammenfassung an und darauf, ob sie für das entsprechende Lernziel überhaupt irgendeinen Mehrwert bringen *kann* – oder nicht. Außerdem: Egal wie gut eine Zusammenfassung auch sein mag, um erfolgreiche Lernergebnisse zu erzielen, kann man sich nicht auf diese Methode allein stützen, da sie kein aktives Abrufen von Informationen fördert.

Aus dem Grund rate ich von alleinigem Lernen anhand von Zusammenfassungen auch ab.

Welche Lernstrategien greifen wirklich?

Nun gut, wir stellen also fest: Vieles von dem, was wir bereits an Lernmethoden kannten, funktioniert offensichtlich gar nicht so gut.

Was funktioniert aber dann?

Lass uns zunächst ein paar Grundlagen legen, auf denen wir später weiter aufbauen können. Welche Prinzipien liegen allen effektiven Lernmethoden zugrunde, die in diesem Buch noch behandelt werden?

Active Recall

Die Mutter aller Lernkonzepte ist wohl **Active Recall**, zu Deutsch auch aktives Abrufen. Der Begriff erklärt schon im Kern sehr gut, worum es dabei geht. Anstatt passiv Lerninhalte aufzunehmen, müssen wir Lernende Inhalte aktiv aus unserem Gedächtnis abrufen. Dies kann durch Beantworten von Fragen, Lösen von Aufgaben oder Selbsterklärungen erfolgen. Dieser aktive Abruf stärkt die eingangs erwähnten Verbindungen zwischen den Nervenzellen in deinem Gehirn.

Stell dir vor, du liest ein Kapitel in einem Buch (passives Lernen). Während du die Informationen aufnimmst, wird der wichtigste Gedächtnisbereich deines Gehirns, der Hippocampus, aktiviert. Diese Aktivierung ist jedoch kurzlebig und führt zu keiner Ausprägung starker neuronaler Bahnen in deinem Gehirn. Das Lesen ist ja ziemlich schnell erledigt und erfordert keine große Anstrengung, also auch keine große Hirn-Aktivität.

Wechseln wir nun zum Active Recall. Anstatt nur zu lesen, beschäftigst du dich hierbei aktiv mit dem Stoff, indem du Informationen aus dem Gedächtnis abrufst und es immer wieder tust. Der Hippocampus muss intensiver arbeiten, da die Anforderung an ihn deutlich größer ist. Er beginnt, stärkere Verbindungen mit den abgerufenen Informationen herzustellen. Diese Links helfen unserem Gehirn, Inhalte effektiver zu speichern, um sie anschließend wieder zugänglich zu machen.

Im Grunde kannst dir das Ganze wie zwei unterschiedlich intensive Brain-Workouts vorstellen: Nimmst du Informationen nur passiv auf, kommst du kaum ins Schwitzen, da dies dein Gehirn nicht sonderlich fordert. Vergleichbar wäre das Ganze mit zwei oder drei Push-ups. Betreibst du nun aber Active Recall, musst du dich zwangsläufig mehr anstrengen, vielleicht vergleichbar mit 15–20 Push-ups. Diese sind zwar im Moment anstrengender, machen dich langfristig aber stärker als nur zwei oder drei.

Ich denke das Prinzip ist klar geworden. Falls du aber immer noch nicht überzeugt davon bist, dass Active Recall für dich lohnenswert sein kann, macht es Sinn, dir ein paar der Studien anzuschauen, die zu dem Thema bereits durchgeführt wurden.

Der Bildungspsychologe Herbert Spitzer führte im Jahr 1939 eine Studie mit 3605 Schülern einer sechsten Klasse durch, um die Auswirkungen eines »Übungstests« (als stellvertretende

Methode für einen Active Recall) auf die Lernleistung zu untersuchen.[13]

Die Schüler:innen wurden gebeten, Texteinheiten zu lesen, deren Inhalte ihnen unbekannt waren, die jedoch inhaltlich als auch in ihrem Schwierigkeitsgrad dem ähnelten, was sie aus dem Unterricht gewohnt waren. Anschließend sollten sie entweder einen Tag oder eine Woche später eine Prüfung mit Fragen zu diesen Inhalten ablegen

Die Teilnehmenden wurden dazu in mehrere Gruppen eingeteilt: Die ersten Gruppen bearbeiteten entweder direkt nach dem Lesen des Artikels oder in verschiedenen Intervallen (Tagen) nach dem Lesen einen Test, der das erlangte Wissen abfragte, also einen sogenannten *Übungstest*.

Eine Gruppe unternahm nach dem Lesen des Artikels *keine weiteren Aktivitäten.*

Herauskam, dass die Gruppe, die direkt nach dem Lesen Übungstests durchlief, durchweg besser abschnitt. Auch nach einer Woche hatte sie verlässlichere Erinnerungen an die aufgenommenen Informationen. Active Recall, also Selbsttests oder einen Übungstest zu machen, steigerte in diesem Fall die finale Leistung im Vergleich zur Gruppe, die passiv lernte, massiv!

---

13 Spitzer, H. F. (1939). Studies in retention. Journal of Educational Psychology, 30(9), 641–656.

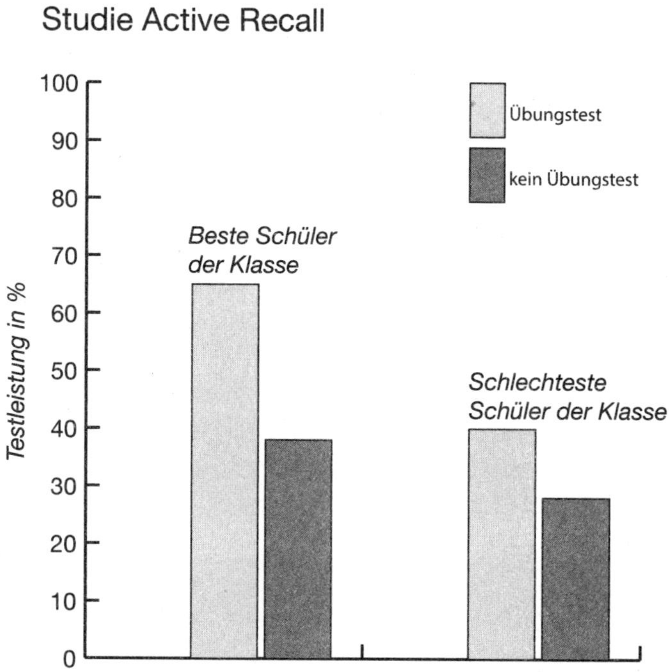

In einer psychologischen Studie aus 2011[14] wurden Studierende in vier Gruppen aufgeteilt, die jeweils denselben Stoff lernen sollten, jedoch auf unterschiedliche Art und Weise. Anschließend wurde ihr Wissen getestet:

1. *Lesen:* Die Gruppe hat das Material einmal gelesen.
2. *Wiederholtes Lesen*: Die Gruppe hat das Material viermal gelesen.

---

14 *Karpicke, J. D., Blunt, J. R. (2011). Retrieval practice produces more learning than elaborate studying with concept mapping. Science, 331(6018), 772–775. DOI:10.1126/science.1199327*

3. *Mindmap*: Die Gruppe hat das Material gelesen und eine Mindmap erstellt.
4. *Abrufübung:* Die Teilnehmer wandten die Active-Recall-Methode an, indem sie sich auf bereits gelesene Informationen testeten.

Die Probandinnen und Probanden, die mit Active Recall lernten, schnitten in dieser Studie am besten ab. Im Vergleich zur Gruppe, die den Text nur einmal las, schnitten sie sogar doppelt so gut ab!

Studie Active Recall 2

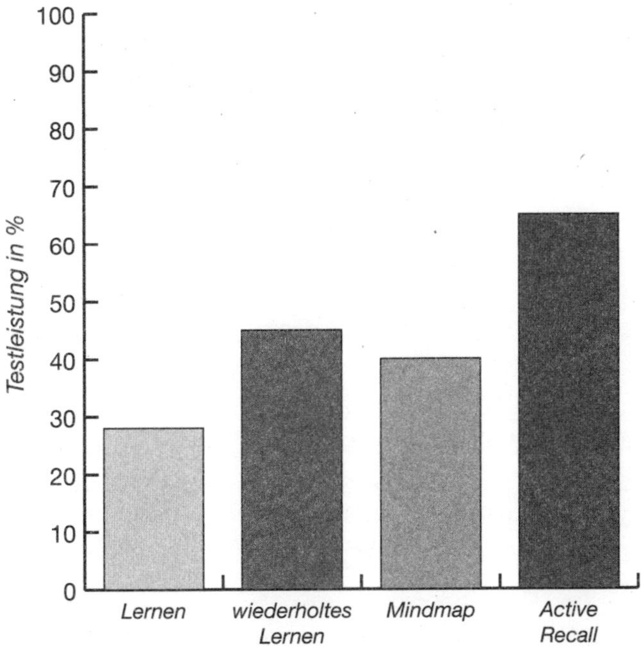

Du siehst also, auch die Forschung ist ein großer Fan von Active Recall! Wichtig ist nur, dass du diese Methode *richtig* in dein eigenes Lernen integriert. Daher möchte ich dir im Folgenden ein paar konkrete Methoden vorstellen, die sich über die Jahre bei vielen Schülerinnen, Schülern und Studierenden bewährt haben und die du direkt beim nächsten Lernen umsetzen kannst.

Karteikarten

Das Karteikarten-Prinzip muss ich dir vermutlich nicht erklären. Auf einer Seite der Karte steht eine Frage oder Aufgabe, auf der anderen Seite die Antwort oder Lösung.

Diese musst du aus dem Gedächtnis abrufen, bevor du die andere Kartenseite ansehen und dein Wissen überprüfen kannst. Mit anderen Worten: Active Recall in reinster Form.

Allerdings erledigt sich das Lernen nicht durch das alleinige Erstellen von ein paar Karteikarten, klar. Wie bereits einige Male erwähnt:

Lernen darf sich nicht zu leicht anfühlen. Tut es das, machst du irgendwas nicht richtig. Anders gesagt, du forderst dich nicht genug. Du musst tatsächlich das Gefühl haben, dass dein Gehirn gerade *richtig* arbeiten muss.

Genau dafür ist es wichtig, zu lernen, mit Karteikarten *richtig* umzugehen. Ich gebe dir im Folgenden einige Guidelines an die Hand, an denen du dich orientieren kannst:

1. Die Karteikarten sollten von dir selbst erstellt werden
Lernen ist superindividuell. Fakten, die du dir selber nicht merken kannst, sind für andere total verständlich und umgekehrt. Einfach nur auf die Lernsets deiner Mitschüler:innen oder Kommilitoninnen und Kommilitonen zurückzugreifen wird dir also nicht viel bringen. Stattdessen solltest du dir stets eigene Karten anfertigen.

2. Karteikarten sollten kurz und knapp beschriftet sein
Na, hast du dich schon mal dabei erwischt, wie du lange Erklärungen auf die Rückseiten deiner Lernkarten geschrieben hast? Am besten noch solche, die du bereits in deinen Unterlagen stehen hast?

Ich habe das früher in jedem Fall öfter mal gemacht. Und später festgestellt, dass ich meine Zeit durchaus sinnvoller hätte investieren können. Denn, einfach nur etwas zu kopieren, das anderswo schon steht, ist pure Zeitverschwendung. Und zu versuchen, lange Sätze von Karteikarten-Rückseiten wiedergeben zu wollen, genauso. Beschränke dich also auf einzelne, relevante Stichworte und versuche hierbei möglichst in eigenen Worten zu formulieren.

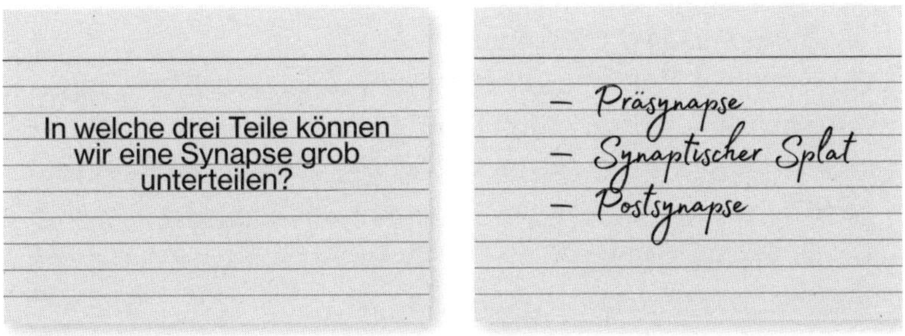

3. Karteikarten sollten visuell anregend sein

Ein großer Vorteil von Karteikarten ist, dass sie nicht auf Worte beschränkt sind, sondern auch mit Bildern, Grafiken und Symbolen ausgestattet werden können.

Wir hatten an anderer Stelle ja bereits das Thema, dass wir immer besser lernen, wenn viele verschiedene Sinne gleichzeitig angesprochen werden (Du erinnerst dich vielleicht an das Beispiel mit dem Date und dem Song).

Das sollten wir uns zunutze machen.

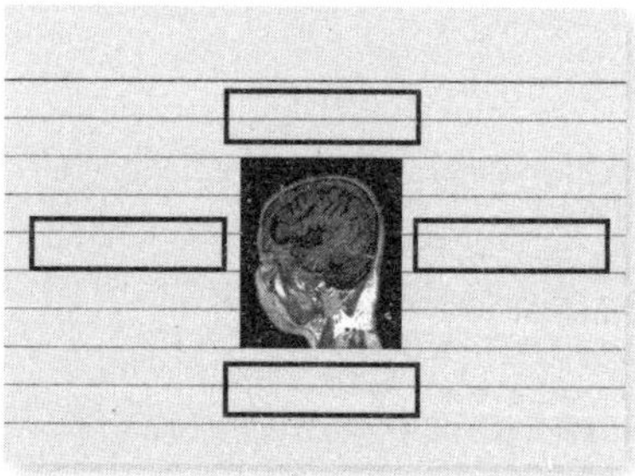

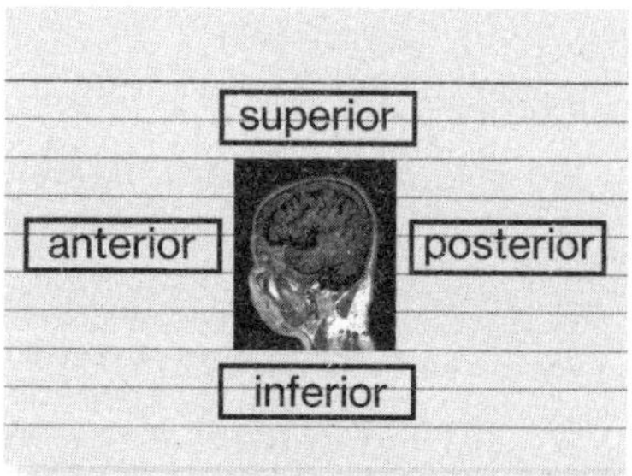

4. Karteikarten sollten sich immer nur auf einen Themenaspekt beziehen

Du möchtest Platz sparen, indem du einfach mehrere Fragen auf eine Karte packst? Bitte nicht. Denn je mehr Fragen du dir innerlich stellst, desto verwirrter wirst du. Am Ende weißt du gar nicht mehr, wo im Kopf du nach der Antwort kramen musst. War es der Themenblock zu Frage 1? Oder der zu Frage 2? Und was machst du, wenn du eine Frage beantworten kannst, die andere aber nicht? Drehst du die Karte trotzdem um, um dir die Antwort anzusehen? Und wie bewertest du dann deine Leistung?

Du siehst, das sind ziemlich viele Hürden, die du in diesem Fall beim Lernen nehmen musst. Hürden, die du alle umgehen kannst, wenn du eine einzige klare, präzise Frage auf die Vorderseite schreibst.

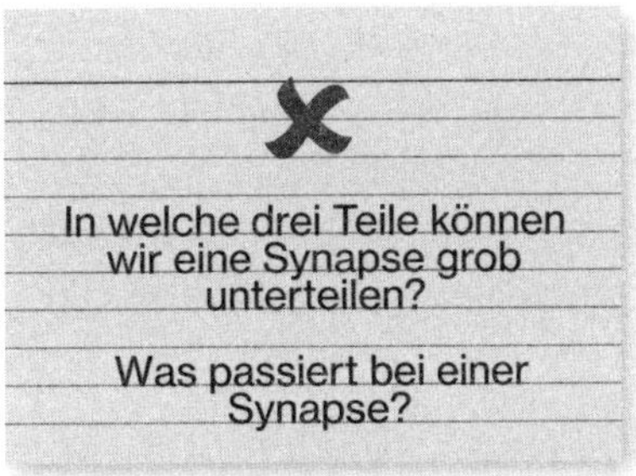

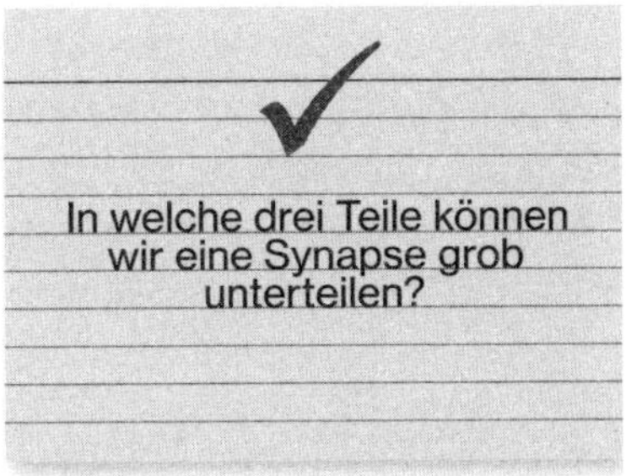

5. Karteikarten sollten erst umgedreht werden, wenn du sie beantwortet hast

Und das meine ich wirklich ernst. Selbst wenn du zehn Minuten davorsitzt und keine Antwort weißt – du drehst nicht um. *Nicht, bevor du nicht zumindest geraten hast*.

Im Lernalltag neigen wir nämlich viel zu schnell dazu, aufzugeben. Wir drehen um und reden uns selbst ein, dass wir die Antwort ja »gewusst hätten«. Das nennt man auch **Mere-Exposure-Effekt** (Sprich, je öfter wir etwas gesehen haben, umso vertrauter wird es uns).

Hat mit echtem Wissen aber nichts zu tun.

Mein Tipp daher: Behandle die Karteikarten immer wie eine Aufgabe in einer Klausur. Hier würde man bei jeder Frage auch zumindest raten, einfach um nichts unversucht zu lassen. Das gilt auch fürs Lernen.

6. **Karteikarten sollten in beide Richtungen gelernt werden.** Oft neigen wir dazu, uns nur die Frage durchzulesen, die Antwort zu geben, und dann umzudrehen. Das ist auch gut so. Was mit der Zeit aber passieren kann: Wir lernen auch die Reihenfolge mit, in der wir die Karten lernen. Da kann ein Stichwort, ein Merkmal, ja sogar schon ein Eselsohr auf einer Karte dazu führen, dass wir uns in dem Moment besser an die Antwort erinnern. In einer Klausur fehlen uns diese Stichworte – und auch die möglichen Eselsohren. Entsprechend müssen wir uns von diesen Reihenfolgen also lösen.

Sowohl, indem wir die Karteikarten durchmischen, als auch durch umgekehrtes Lernen der Karten an sich, sprich durch die Zuordnung der richtigen Frage zur offenliegenden Antwort.

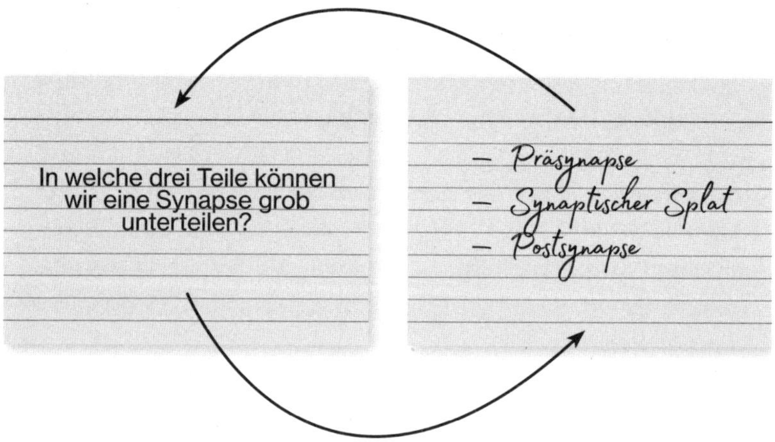

Übungsfragen

Auf Karteikarten ist für gewöhnlich nicht viel Platz für lange Ausführungen, sie sind also eher für konkrete Definitionen und Fakten geeignet. Selbst zusammengestellte Fragen hingegen bieten sich bestens an, um komplexe Themenbereiche zu durchdringen und nachhaltig im Gedächtnis zu verankern.

Die Fragen sollten direkt am vorgegebenen Lernmaterial, also zum Beispiel einem Text, angelehnt sein und darauf aufbauen.

Bei den Frageformaten an sich darfst du ruhig kreativ werden. Möglich sind Multiple-Choice-Modelle, Lückentextaufgaben, Zuordnungsaufgaben oder offene Fragen.

Bei der finalen Auswahl würde ich mich immer am späteren Fragenformat der Klausur orientieren, für die gelernt wird. Das liegt vor allem an der Enkodierspezifität, die wir bereits besprochen haben.

Du erinnerst dich? Je näher wir in der Klausurvorbereitung den Bedingungen der späteren Klausur kommen, desto besser können wir uns in der Ernstsituation auch an den Lernstoff erinnern.

Optimal wäre natürlich die Erstellung einer kompletten Übungsklausur, die du noch dazu unter »realen« Prüfungsbedingungen und Zeitdruck lösen könntest. Teilweise werden solche Materialien auch von der Lehrer- oder Professorenschaft herausgegeben. Frag also einfach mal danach. Heutzutage lassen sich gute Klausurfragen übrigens auch per KI erzeugen (inklusive Korrekturlauf).

Funktionieren kann das aber nur, wenn man der KI genau erklärt, worum es geht und in welchem Format man die Fragen oder Lösungen angegeben bekommen möchte. Es erfordert etwas Übung, diese Prompts (Instruktionen) richtig zu formulieren, aber die investierte Zeit lohnt sich!

Blurting

Eine weitere gute Methode, um dir komplexere Themen anzueignen ist das sogenannte **Blurting** (engl. für *herausplatzen*). Hierfür klappst du deine Lernmaterialien zunächst zu und legst sie zur Seite. Dann nimmst du dir ein leeres Blatt Papier und schreibst einfach alles auf, an das du dich noch erinnern kannst. Das muss nicht perfekt strukturiert sein, folge einfach deinen Gedanken. Du kannst du dich dabei an folgenden Fragen orientieren:

- Was sind die wichtigsten Merkmale des Themas?
- Was sind die wichtigsten Fakten oder Daten zum Thema?
- Was sind die wichtigsten Schlussfolgerungen oder Interpretationen zum Thema?

Wenn du fertig bist und dir absolut nichts mehr einfällt (und lass dir dafür bitte ausreichend Zeit – du solltest dich schließlich ernsthaft fordern), kannst du deine Unterlagen wieder heranziehen und fehlende Aspekte ergänzen.

Danach nimmst du dir ein neues Blatt und startest den Vorgang von vorne – so oft, bis du alle wichtigen Punkte von selbst notiert hast.

Diese Methode ist besonders geeignet, wenn du dich auf Klausuren vorbereitest, die mit vielen offenen Fragen arbeiten.

Die Feynman-Methode

Diese Technik basiert auf der Idee, dass wir am besten lernen, wenn wir uns vorstellen, dass wir den Stoff jemandem beibringen, der absolut keine Ahnung vom Thema hat. Zum Beispiel einem kleinen Kind.

Sie folgt den Ausführungen des Physikers Richard Feynman, der dafür bekannt war, hochkomplizierte Themen einfach erklären zu können.

Er glaubte, dass man ein Thema erst dann verstanden hat, wenn man es auf ein einfaches Level herunterbrechen kann.

Dabei gehst du in vier Schritten vor:

1. Lege ein Thema fest

Der erste Schritt besteht darin, ein Thema zu wählen.

Vermeide dabei eine zu weit gefasste Perspektive (zum Beispiel einfach nur »Psychologie« oder »Antike«).

Suche dir am besten ein spezifisches Thema, das abgegrenzt genug ist, um es in maximal 20 Minuten zu erklären – im besten Fall solltest du diesen Vorgang nämlich mehrmals wiederholen.

2. Tu so, als würdest du es einem Kind beibringen

Beginne das Thema laut zu erklären. Stell dir dabei vor, du würdest es jemandem näherbringen, der noch nie damit in Berührung gekommen ist – einem Kind zum Beispiel. Wichtig ist also, dass du bei deinen Ausführungen auf eine leicht verständliche Sprache achtest und keinen Fachjargon benutzt. Letzteren würden Nicht-Experten schließlich nicht verstehen.

Sorge außerdem dafür, dass das Thema nicht theoretisch bleibt, sondern greifbar wird, indem du genug Beispiele mit einbringst.

3. Identifiziere Wissenslücken

Während du das Thema vereinfacht dargestellt hast, sind dir wahrscheinlich Bereiche aufgefallen, bei denen du nicht mehr weiterwusstest und das Bedürfnis hattest, in deinen Notizen oder Lehrbüchern nachzuschlagen. Recherchiere diese Details und ergänze sie gedanklich für deine künftigen Erklärungsansätze.

4. Vereinfache

Der letzte Schritt der Feynman-Technik bedeutet konkret, dein komplexes Thema noch weiter aufzubrechen und es in noch einfacheren Begriffen neu zu formulieren. Hierbei können dir Analogien helfen:

Sie veranschaulichen komplexe Konzepte auf verständliche Weise, indem sie sie mit etwas Vertrautem oder Alltäglichem vergleichen. Durch die Anwendung von Analogien kannst du sicherstellen, dass du das Thema auf einer tieferen Ebene verstanden hast und es anderen erfolgreich vermitteln kannst.

Meiner eigenen Erfahrung nach gibt es wirklich keine bessere Methode als die Feynman-Technik, um effektiver zu lernen und das persönliche Verständnis eines Themas zu vertiefen!

Spaced Repetition

Ein Lernmodell, das in seiner Wichtigkeit fast mit dem Active-Recall-Prinzip gleichzieht, ist die sogenannte **Spaced Repetition**. Diese hat allerdings weniger damit zu tun, wie wir lernen, sondern vielmehr damit, *wann* und *in welchen Abständen* wir dies erledigen.

Das Ganze basiert auf der sogenannten Vergessenskurve, über die wir bereits zu Beginn des Buches gesprochen haben. Dabei haben wir gelernt, dass »Vergessen« wahnsinnig schnell passiert. In nur knapp 30 Minuten nach erstmaligem Lernen ist uns oft schon die Hälfte der Informationen entfallen!

Dabei hatte ich auch erwähnt, dass diese Kurve nicht in Stein gemeißelt ist. Man kann sie verändern – und genau darum geht es bei der Spaced Repetion. Das Ziel ist, die Vergessenskurve abzuflachen, sodass wir uns länger an Lerninhalte erinnern können.

Die Idee, die dahintersteht: Wir erlauben unserem Gehirn, einen Teil der Informationen zu vergessen, um sicherzustellen, dass der Prozess des Wieder-Abrufens geistig herausfordernd ist. Wir hatten im Abschnitt zum Active Recall ja bereits darüber gesprochen, dass wir immer dann besonders nachhaltig lernen, wenn wir uns dabei extrem anstrengen müssen.

Lernstoff nach ungefähr 24 Stunden zu wiederholen, beschreibt ein ideales Intervall. Bekanntlich können wir uns zu dem Zeitpunkt nur noch an ca. 30 Prozent des Gelernten erinnern – genug, um daran anzuknüpfen, aber zu wenig, um damit eine Klausur zu bestehen. An der Stelle sollte also eine Wiederholung des Lernstoffes, am besten in Form eines Active Recalls, stattfinden.

Nach ca. drei Tagen sollte dann die nächste Auffrischung stattfinden. Und nach einer Woche wiederum die nächste. Danach sollte der Lernstoff langfristig sitzen.

Das Prinzip der Spaced Repetition wurde, genau wie das des Active Recall, in der Forschung genauer untersucht.

Die Vergessenskurve

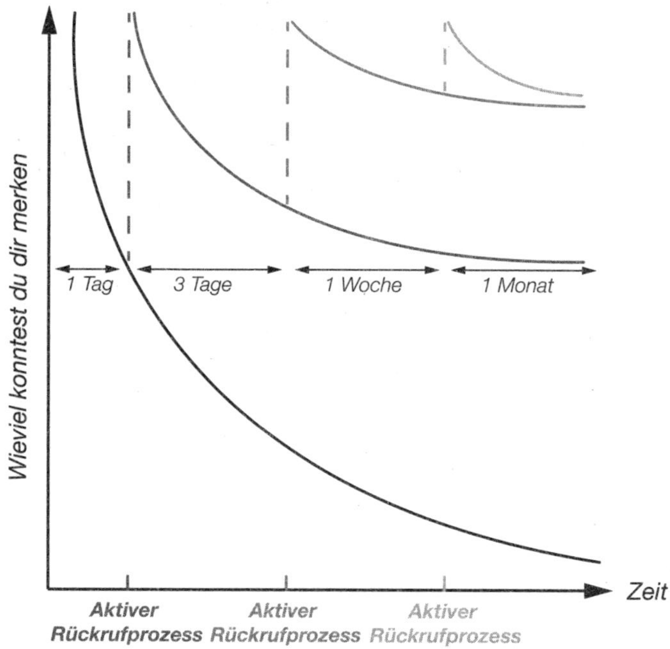

Eine bekannte Studie der Psychologen Karpicke und Bauernschmidt[15] nahm den Einfluss der Methode auf das Vokabellernen in den Fokus: Die Aufgabe der Teilnehmenden war es, sich 100 Swahili–English Wortpaare anzueignen.

Dabei wurden sie in vier Gruppen aufgeteilt:

Gruppe 1: lernte die Vokabeln nur *1x ohne Wiederholung*

Gruppe 2: lernte die Vokabeln *1x und wiederholte sie 1x*

Gruppe 3: lernte die Vokabeln *1x und wiederholte sie 3x am Stück*

Gruppe 4: lernte die Vokabeln *1x und wiederholte sie 3x nach dem Modell der Spaced Repetition*

Die Ergebnisse zeigen, dass ein einmaliges Lernen kaum zum Lernerfolg beigetragen hat. Nur ca. 1 Prozent der Vokabeln wurden in Gruppe 1 erinnert.

Die Vokabeln dreimal am Stück zu wiederholen, brachte *nicht* mehr Lerneffekt, als sie nur einmal zu wiederholen. Dagegen bewirkte die Spaced Repetition einen mehr als siebenmal so großen Vorteil gegenüber der einmaligen Wiederholung. Mitglieder der Gruppe 4 konnten sich an 80 Prozent der Vokabeln erinnern.

---

15 Karpicke, J. D., Bauernschmidt, A. (2011). Spaced retrieval: Absolute spacing enhances learning regardless of relative spacing. Journal of Experimental Psychology: Learning, Memory, and Cognition, 37(5), 1250–1257. DOI:10.1037/a0023436

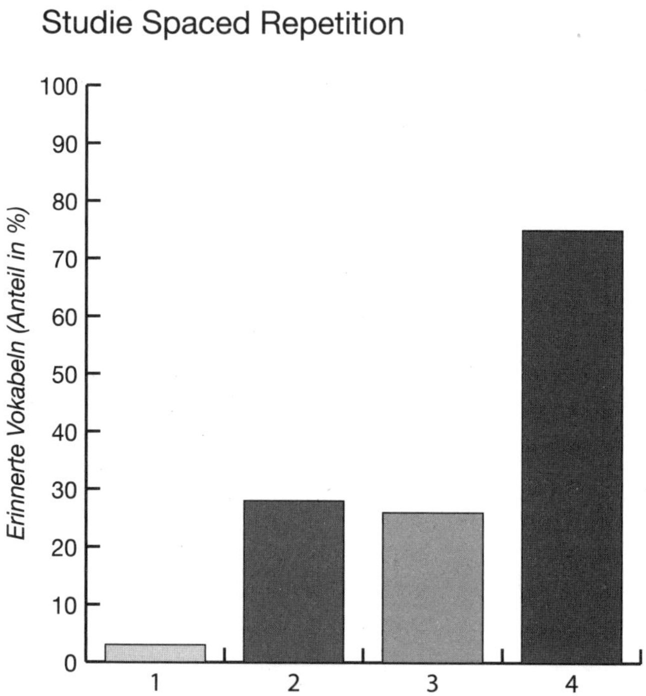

An dieser Stelle ist es wichtig zu erwähnen, dass die Mitglieder von Gruppe 4 hinsichtlich ihres Nettobedarfs an Zeit genauso lange lernten, wie Mitglieder der Gruppe 3 – nur waren ihre Wiederholungsintervalle verschieden und ihre Ergebnisse signifikant besser. Im Rückschluss lässt sich festhalten: Spaced Repetition kann die Lernleistung erhöhen, allerdings ohne die Lernzeit hochzuschrauben.

Und das ist es doch schließlich, was wir wollen – bessere Noten, ohne mehr dafür zu tun. Wie lässt sich Spaced Repetition nun konkret anwenden? Das klären wir im nächsten Abschnitt.

Das Leitner System

Das Leitner System wurde vom deutschen Psychologen Sebastian Leitner in den 1970er-Jahren entwickelt. Es basiert auf den Erkenntnissen der Lernpsychologie, dass Lerninhalte sich am besten durch wiederholtes Wiederholen festigen lassen. Allerdings ist es nicht sinnvoll, das immer wieder im gleichen Abstand zu tun.

Nicht sinnvoll ist ebenfalls, alle Lerninhalte gleich intensiv zu lernen – schließlich gibt es Inhalte, die wir auf Anhieb besser verstehen als andere. Der Trick liegt also darin, die Karteikarten – und damit die Lerninhalte – zu priorisieren. Zunächst gehst du dafür alle Karten einmal durch. Dann bildest du drei Stapel (im Original waren es drei Boxen, aber diese musst du nicht extra anschaffen).

Stapel 1 enthält alle Karten, die dir auf Anhieb *leicht* fallen zu beantworten. Du musst nicht lange nachdenken, sondern die richtige Lösung kommt dir direkt in den Sinn.

Auf *Stapel 2* legst du alle Karten, die du als *mittelleicht* bewertest. Das bedeutet, dass du zwar lange überlegen musst, um die Antwort zu finden, du irgendwann aber auf die Lösung kommst und die Frage richtig beantworten kannst.

Auf *Stapel 3* packst du alle Karten, die *schwer* sind. Diese Karten kannst du nach dem ersten Durchgang gar nicht beantworten – egal wie lange du überlegst.

Stapel 1 kannst du dann erstmal ignorieren. Da du den Lernstoff dieser Lernkarten schon gut beherrschst, musst du deine Zeit nicht damit verschwenden, diese ständig zu wiederholen.

Stapel 2 solltest du nach ca. einem Tag erneut wiederholen und danach neu bewerten, ob bestimmte Karten mittlerweile in Stapel 1 herüberwandern können oder ob sie einen weiteren Tag in Stapel 2 verbleiben. Stapel 3 sollte am besten noch am selben Tag – also wenige Stunden nach dem ersten Durchgang wiederholt werden – und von da an regelmäßig alle paar Stunden.

Dieses Vorgehen führst du so lange fort, bis alle Karten in Stapel 1 gelandet sind. Dann wiederholst du den gesamten Stapel, um sicherzustellen, dass du mittlerweile den gesamten Lernstoff beherrschst.

Das Leitner System

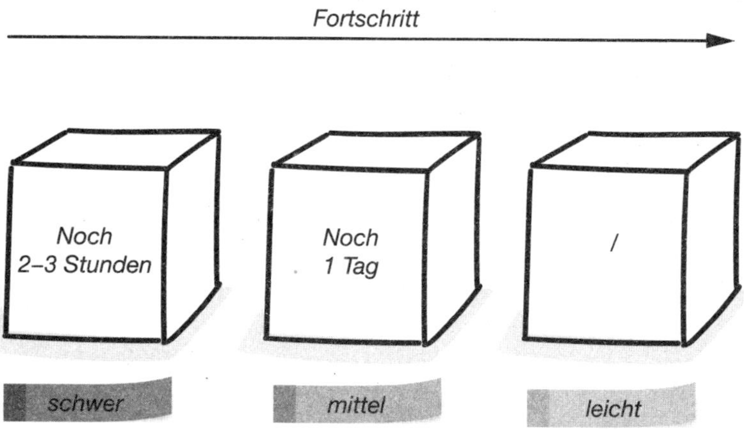

Retrospektive Lernpläne

Von Lernplänen hast du vermutlich schon einmal gehört. Vielleicht kommt dir jetzt dieses Modell in den Sinn, bei dem man zunächst alle Themen überblickt, die für eine Klausur relevant sind. Dann zählt man, wie viele Tage bis zum Stichtag noch übrigbleiben, um zuletzt die Themen auf die Tage vor der Klausur zu verteilen – und das in einem möglichst gleichmäßigen Muster. Diese Art von Lernplänen funktioniert *prospektiv*.

Das Problem mit diesen Plänen ist aber folgendes: Es kann sein, dass wir uns verschätzen und die eingeplanten Tage nicht ausreichen, um für die Klausur vernünftig zu lernen. Wir haben einem Thema vielleicht zwei Tage in der Wiederholungsphase zugeordnet, brauchen am Ende aber vier, weil das ganze Thema doch komplizierter ist als gedacht.

Umgekehrt kann es sein, dass wir Themen, die wir eigentlich schon ganz gut beherrschen, immer und immer wieder in unsere Wiedervorlage nehmen – einfach nur, weil wir das einmal intuitiv so eingeplant haben.

Wir beachten also beim Erstellen der Pläne nicht unseren eigenen *Grad des Könnens.*

Klausurtermin: 10.02.
Lerntage: 20
Puffertage: 4

Lernplan

MONATSÜBERSICHT

Montag	Dienstag	Mittwoch	Donnerstag	Freitag	Samstag	Sonntag
9 Hals / Nacken	10 Hals / Nacken	11 Rotatorenmanschette	12 Lerngruppe Rotatorenmanschette	13 Hals / Nacken	14 /	15 /
16 Bauchmuskulatur	17 Bauchmuskulatur	18	19 Lerngruppe	20	21 /	22 /
23 autochthone Rückenmuskulatur Rotatorenmanschette	24 Rückenmuskulatur	25 Oberarmflexoren Oberarmflexoren	26 Lerngruppe	27	28 /	29 /
30 alte Klausuren 2018 & 2019 Bauchmuskulatur	31	1	2 Lerngruppe	3 Rückenmuskulatur Oberarmflexoren	4 /	5 /
6 ——	7 ——	8 Puffer	9 ——	10 Klausur		

Die sogenannten **retrospektiven Lernpläne** stellen genau das in den Vordergrund: Hierfür listest du zunächst alle Themen auf, die du lernen musst.

Dann rankst du die Themen nach deinem Könnensgrad, zum Beispiel, indem du sie in den Ampelfarben colorierst.

- Themen, die du schon gut beherrschst, werden grün markiert.
- Themen, die du mittelgut beherrschst, werden gelb markiert.
- Themen, die du noch gar nicht beherrschst, werden rot markiert.

Danach fokussierst du dich – ähnlich wie beim Leitner- System – auf die Themen, die dir noch sehr schwerfallen.

Diese wiederholst du jeden Tag. Alle gelben Themen werden im Abstand von ein paar Tagen wiederholt. Themen, die grün markiert sind, kannst du erstmal ignorieren.

Nach jedem Durchgang bewertest du neu, ob die jeweilige Farbe noch passt. Falls du ein Thema aus der Kategorie »rot« nach einigen Wiederholungen besser beherrschst, rutscht es in Kategorie »gelb« und der Lernzyklus verschiebt sich entsprechend. Besonders einfach kann man das mit einem Spreadsheet tracken. Hier mal ein Beispiel:

Thema	Schwierigkeit	wiederholt am
1	schwer	24.05.
2	mittel	24.05.
3	leicht	26.05.
4	leicht	21.05
5	schwer	20.05.

Im Grunde funktioniert diese Methode also ähnlich wie das Leitner-System. Es gibt uns aber eine größere Flexibilität beim Lernen selbst, da wir nicht nur auf Karteikarten beschränkt sind.

Lernstoff am Ende jeden Tages durchgehen

Etwas, mit dem man direkt starten kann, ohne sich vorher einen großen Plan zu machen, ist den neu gelernten Lernstoff des Tages jeden Abend zu wiederholen.

Du erinnerst dich: Wenn nach 24 Stunden schon 70 Prozent des Gelernten wieder vergessen sind, kann das einen enormen Unterschied machen.

Am besten legt man dafür pro Tag eine feste Uhrzeit fest. Wichtig sind hier nämlich Regelmäßigkeit und Konstanz. Das Ganze bedeutet nur eine halbe Stunde Mehraufwand am Tag, kann die eigenen Lernergebnisse aber *massiv* steigern.

Spaced-Repetition-Softwares

Mittlerweile gibt es zahlreiche Lernapps und Webseiten, die Spaced Repetition als festen Algorithmus eingebaut haben und den gesamten Lernprozess damit für uns intuitiv erleichtern.

Das betrifft besonders das Angebot im Bereich digitaler Karteikarten. Diese werden online alle einmal abgefragt und dann automatisch – je nach Geschwindigkeit und Treffsicherheit, mit der wir antworten – in verschiedene Kategorien eingeteilt. Im Raster »viel Nachdenkzeit und falsche Antworten« werden die Themen täglich abgefragt, oder eben nur jede Woche einmal, wenn der Stoff schon sehr gut sitzt.

Interleaving

Was aber ist, wenn du für mehrere Klausuren aus unterschiedlichen Themenbereichen und Fächern gleichzeitig lernen musst? Wie kannst du das am besten anpacken?

Nach dem Prinzip der Spaced Repetition solltest du mit den schwierigsten Themen anfangen und diese nach einem, drei und sieben Tagen wiederholen.

Wie aber gehst du bei einer großen und diversen Stoffmenge zeitlich und inhaltlich konkret vor? Solltest du dir ein Thema für einen Tag vornehmen und dieses intensiv lernen, bevor du dich am nächsten Tag einem anderen widmest? Oder solltest du pro Tag gleich in mehrere Themen einsteigen?

Intuitiv würden wir uns wahrscheinlich dafür entscheiden, uns erst einmal möglichst auf ein Thema zu konzentrieren und zum nächsten erst dann überzugehen, wenn wir letzteres voll beherrschen. Schließlich ist das auch die Art und Weise, wie in der Schule gelehrt wird: In einer Stunde wird in ein Thema eingeführt, in der nächsten das Wissen vertieft und in der wiederum nächsten das Wissen getestet.

Erst wenn besagtes Thema bei einem Großteil der Klasse sitzt, geht man zum nächsten Thema über. Schließlich sollen wir nicht mit weiteren Themen *verwirrt* werden…

Der Name für diese Herangehensweise ist **massiertes Lernen**.

Montag	Dienstag	Mittwoch	Donnerstag	Freitag	Wochenende
Thema 1	Thema 1	Thema 2	Thema 3	Thema 4	Thema 4
Thema 1	Thema 1	Thema 2	Thema 3	Thema 4	Thema 4
Thema 1	Thema 2	Thema 2	Thema 3	Thema 4	Thema 5

Die Wissenschaft hat jedoch gezeigt, dass dieser Ansatz nicht der effektivste ist. Viel mehr bringt es nämlich, den Lernstoff tagsüber zu durchmischen. Im Fachjargon spricht man hier vom **Interleaving**.

Das Ganze funktioniert aus verschiedenen Gründen besser:

Zum einen schärft es die Fähigkeit des Gehirns, zwischen verschiedenen Konzepten zu unterscheiden. In der Psychologie nennt man das den sogenannten **diskriminierenden Kontrast**.

Menschen können neue Informationen besser und nachhaltiger aufnehmen, wenn sie diese mit bereits bekannten Inhalten vergleichen können. Der Kontrast zwischen neuen und bekannten Informationen macht die neu hinzukommenden deutlicher und erleichtert so das Lernen.

Zum Beispiel ist es leichter, das Konzept »Blume« zu verstehen, wenn man das Konzept »Baum« bereits kennt. Wir wissen, dass beides Pflanzen sind und beide Photosynthese betreiben. Damit können wir sie gedanklich einer Kategorie zuordnen. Allerdings sind Blumen in der Regel kleiner als Bäume und haben eine kürzere Lebensdauer. Sie wachsen meist aus dem Boden und haben krautige Stängel, die nicht verholzen. Das ist ein Unterschied, der die Blumen von den Bäumen abgrenzt. Genau diese Abgrenzung hilft uns, ein komplett neues Konzept der »Blume« in unserem Kopf zu erschaffen.

Als Kinder lernen wir hauptsächlich mit diesem Effekt. Zum Beispiel begreifen wir auf diese Weise auch, dass der Himmel blau ist, da wir ihn mit Konzepten anderer Farben vergleichen, z. B. grünem Gras oder gelbem Honig.

Genau dieser Effekt kommt auch beim Interleaving zum Tragen: Wenn wir verschiedene Themen an einem Tag lernen, speichern wir diese nicht isoliert voneinander ab, sondern indem wir sie zueinander in Kontrast setzen. Berühren diese Themen dann ähnliche Bereiche, erkennen wir Gemeinsamkeiten und Unterschiede, was wiederum zu einem vertieften Verständnis des Lernmaterials führt.

Außerdem gleicht Interleaving eher den realen Bedingungen einer Klausur. Hier werden Themen oft auch nicht isoliert voneinander abgefragt. Stattdessen wird Wissen aus verschiedenen Bereichen in einer Aufgabe gemixt. Manchmal ist auch gar nicht genau benannt, welcher Wissensausschnitt für die Lösung der jeweiligen Aufgabe nun von Nöten ist. Das muss man sich in diesem Fall selbst herleiten. Und hierfür ist es wichtig, dass man die einzelnen Konzepte auseinanderhalten kann.

Und auch hier: Interleaving fordert uns deutlich mehr als massiertes Lernen. Natürlich kostet es uns mehr Anstrengung, zwischen Thema A und B und C hin- und herzuspringen. Und das ist gut so! Je mehr wir gefordert werden, desto besser lernen wir.

Falls du von den bisher genannten Argumenten noch nicht überzeugt bist, kommen an der Stelle noch eine on top aus der Wissenschaft:

Eine empirische Studie aus dem Jahr 2015[16] untersuchte den Einfluss des Interleaving auf das Mathe-Lernen. Die For-

---

16 Rohrer, D., Robert, D., Stershic, S. (2014). Interleaved Practice Improves Mathematics Learning. Journal of Educational Psychology. 107. DOI:10.1037/edu0000001.

scher teilten dazu 126 Schüler:innen in zwei Gruppen ein: eine Gruppe, die Matheaufgaben mithilfe des massierten Lernens lösen sollte, und eine, die nach der Interleaving-Methode arbeitete.

Die Studie bestand aus zehn Übungseinheiten mit je 12 Aufgaben, einer Wiederholungseinheit und einem Test. Das Aufgabenspektrum umfasste einerseits Blöcke von jeweils 12 Graphen- oder 12 Steigungsproblemen sowie andererseits »gemixte« Problemstellungen aus anderen Themenbereichen (Brüche, Proportionen, Prozentsätze, Statistik und Wahrscheinlichkeit). Vor den ersten vier Aufgaben zu jedem Kernthema (Graphen, Steigung) gab es eine Einführung. Die restlichen acht Aufgaben wurden unterschiedlich verteilt: In der Gruppe *massiertes Lernen* wurden jeweils alle acht Graphen- und acht Steigungsaufgaben in derselben Einheit behandelt. In der Gruppe *Interleaving* wurden die Graphen- und Steigungsaufgaben jeweils mit denen zu Brüchen, Statistik etc. gepaart.

Die Ergebnisse zeigten, dass die Schüler:innen der *Interleaving*-Gruppe in den abschließen Übungstests besser abschnitten als die Studierenden der Gruppe *massiertes Lernen*.

Aber wie kannst du das Ganze jetzt praktisch anwenden?

Auf den folgenden Seiten zeige ich dir ein paar einfache Methoden, wie du Interleaving ganz leicht in deinen Lernalltag integrieren kannst:

Lerntage aufsplitten

Viele (und auch ich) schwören darauf, Lerntage in unterschiedliche Zeitslots aufzuteilen, die du dann mit unterschiedlichen Themen füllst, die aktuell anstehen. Intuitiv macht eine Einteilung in morgens, mittags, abends Sinn.

Montag	Dienstag	Mittwoch	Donnerstag	Freitag	Wochenende
Thema 1	Thema 2	Thema 3	Thema 1	Thema 2	Thema 3
Thema 2	Thema 1	Thema 2	Thema 2	Thema 1	Thema 2
Thema 3	Thema 3	Thema 1	Thema 3	Thema 3	Thema 1

Natürlich kannst du auch individuell anpassen und mit größeren oder kleineren Timeslots arbeiten.

Montag	Dienstag	Mittwoch	Donnerstag	Freitag	Wochenende
Thema 1	Thema 2	Thema 1	Thema 2	Thema 1	Thema 2
Thema 3	Thema 4	Thema 3	Thema 4	Thema 3	Thema 4
Thema 4	Thema 3	Thema 4	Thema 3	Thema 4	Thema 3
Thema 2	Thema 1	Thema 2	Thema 1	Thema 2	Thema 1

Montag	Dienstag	Mittwoch	Donnerstag	Freitag	Wochenende
Thema 1	Thema 2	Thema 1	Thema 2	Thema 1	Thema 2
Thema 2	Thema 1	Thema 2	Thema 1	Thema 2	Thema 1

Assoziationen herstellen

Zu Beginn des Buches haben wir darüber gesprochen, wie Lernen funktioniert. Unser Hirn tickt nicht isoliert, sprich, wir lernen nicht Information A, packen sie ins Gedächtnis und lernen dann Information B.

Das Gehirn versucht immer Verbindungen zwischen neuen Inhalten und bereits bestehendem Wissen aus dem Langzeitgedächtnis herzustellen. Je mehr Anknüpfungspunkte es gibt, desto leichter wird es uns fallen, uns die neu eingehende Information tatsächlich zu merken.

Wenn wir beispielsweise jemanden zum ersten Mal treffen und diese Person uns ihren Namen verrät, ist dieser Name für uns eine neue Information. Vielleicht erzählt uns die Person noch etwas über sich selbst, zum Beispiel, dass sie Tennis spielt.

Wenn wir die Person dann ein zweites Mal treffen, können wir uns vielleicht nicht direkt an ihren Namen erinnern. Vielleicht fällt uns aber ein, dass sie Tennis spielt und plötzlich kommt uns auch ihr Name wieder in den Sinn. Das liegt daran, dass sowohl Name als auch Hobby im gedanklichen Konzept zu dieser Person abgespeichert wurden und zusammen leichter abgerufen werden können als allein. Auf den folgenden Seiten besprechen wir nun einige Methoden, um diesen Mechanismus für das persönliche Lernen zu nutzen.

Mindmaps

Mindmaps sind die wohl effektivste Methode, um assoziativ zu lernen. Das Ganze kannst du dir wie einen Baum vorstellen, bei dem die verschiedenen Äste – die Unterkonzepte – alle mit dem Stamm oder dem zentralen Konzept verbunden sind. In der Regel geht man dabei hierarchisch vor, das heißt die allgemeinsten (umfassenden) Konzepte sollten näher am zentralen Konzept und die weniger allgemeinen (exklusiveren oder spezifischeren) Konzepte weiter vom zentralen Konzept entfernt angeordnet sein.

Angenommen wir würden eine Mindmap erstellen wollen, die unser Leben darstellt, dann wären wir selbst das zentrale Konzept. Drumherum fänden sich beispielsweise unser Privatleben, Schule, Nebenjob und außerschulische Aktivitäten wieder. Wollten wir diese Mindmap weiter ausbauen, könnten wir zu jedem der Unterpunkte noch weitere Details hinzufügen (z. B. bei außerschulischen Aktivitäten: Instrumente, Sport etc.)

Mindmap

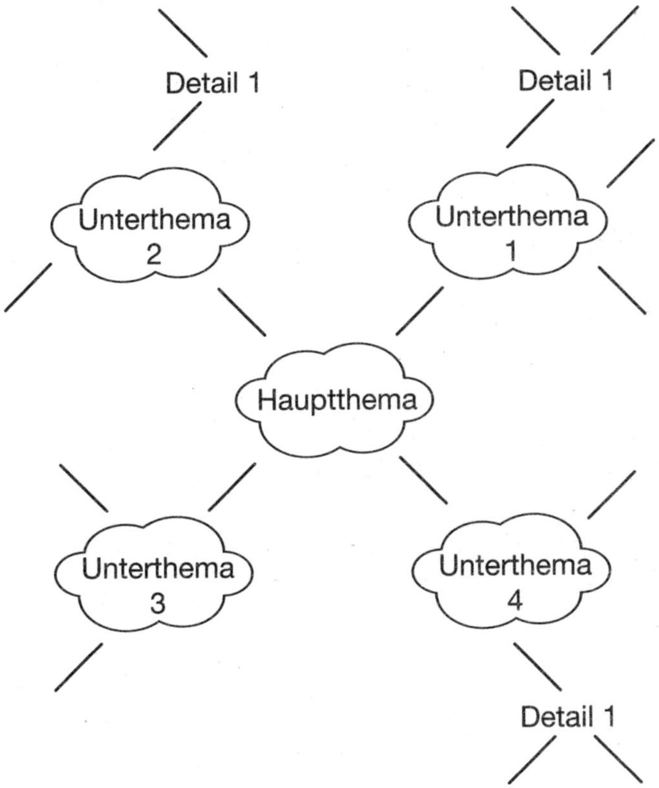

Damit du maximalen Erfolg beim Mindmapping hast, kommen hier noch einige Dinge, die du beim Erstellen beachten solltest:

1. Notiere Worte oder Phrasen – keine Sätze

Bei einer Mindmap geht es darum, Informationen und deren Verbindung zu wiederum weiteren Informationen, *schnell* und *auf einen Blick* zu erfassen. Das funktioniert nicht, wenn wir minutenlang mit Lesen beschäftigt sind. Versuche dich daher auf Stichworte zu konzentrieren.

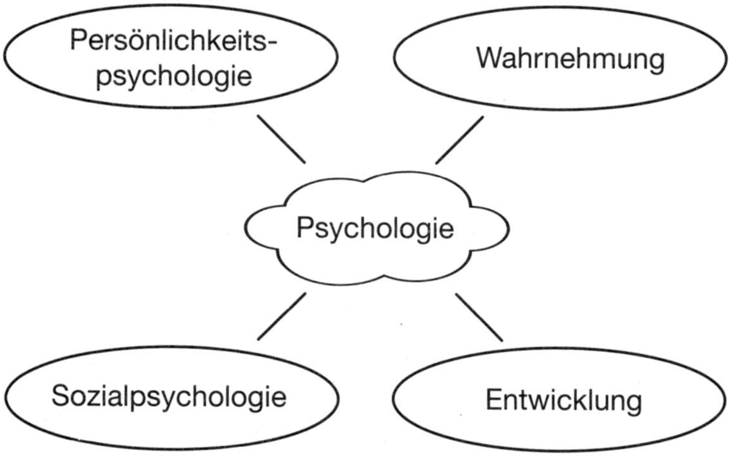

2. Setze Farben ein, um Unterschiede und Gemeinsamkeiten kenntlich zu machen

Ähnlich wie die räumliche Anordnung der Themen uns direkte Hinweise zu ihren Verbindungen untereinander geben kann, sind auch Farben ein gutes Mittel, um diese Links auf einen Blick deutlich zu machen.

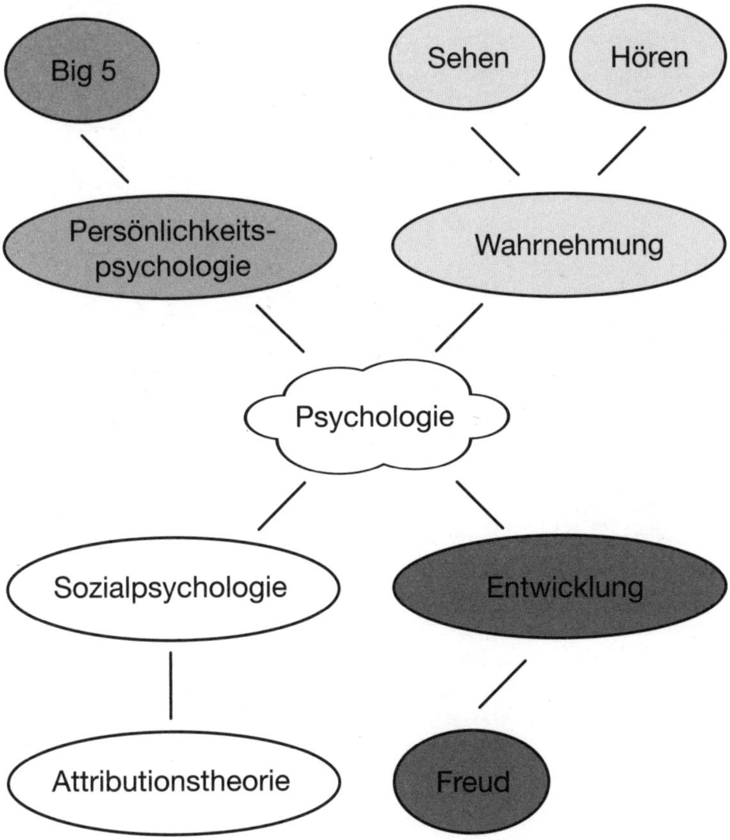

3. Füge Bilder, Grafiken und Symbole ein

Die Verwendung von Bildern, Skizzen oder Icons kann als Gedächtnisstütze dienen und Schlüsselwörtern außerdem mehr Bedeutung verleihen.

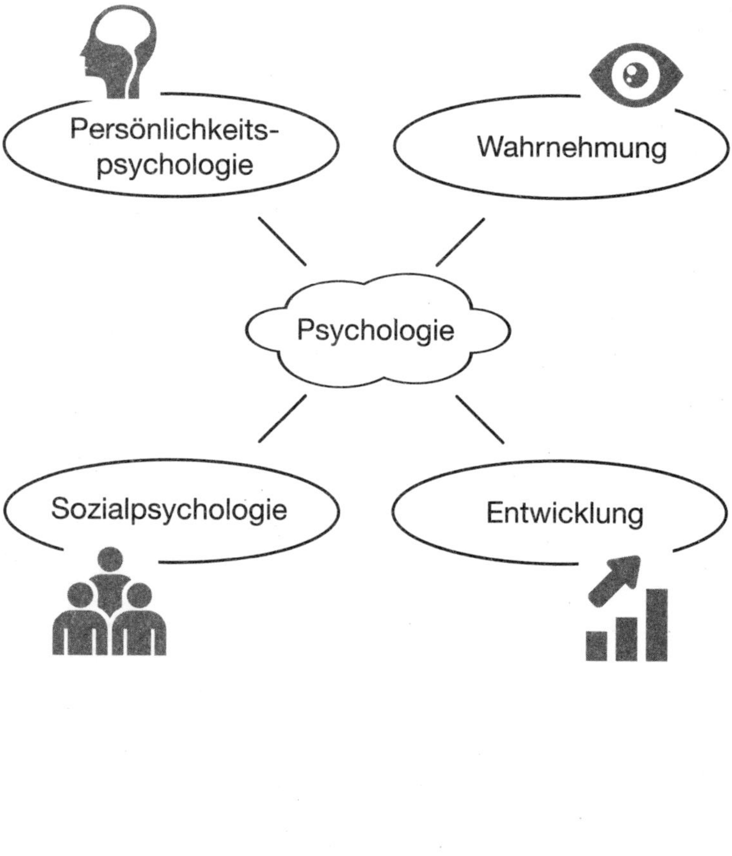

Priming

Neben Mindmaps gibt es noch eine weitere Methode, die sich den Grundsatz zunutze macht, dass wir durch Verknüpfungen lernen. Die Rede ist vom sogenannten **Priming.**

Priming ist ein kognitiver Prozess, bei dem ein Reiz die Verarbeitung eines nachfolgenden Reizes beeinflusst.[17] Der erste Reiz, der Primingreiz, kann die Wahrnehmung, die Speicherung oder die Reaktion auf den zweiten Reiz, den Zielreiz, beeinflussen – und zwar durch das Assoziationsprinzip.

Ein Beispiel: Hört jemand das Wort »grün«, wird diese Person schneller auf das Wort »Gras« reagieren als auf nicht »verwandte« Wörter wie »Fernsehen«. Das liegt daran, dass Grün und Gras über die Farbbrücke im Gedächtnis enger miteinander verbunden sind.

Dieses Prinzip lässt sich fürs Lernen nutzen, indem man beispielsweise vor jeder Unterrichtsstunde oder Vorlesung kurz das kommende Lernmaterial überfliegt. Das bedeutet nicht, dass man ganze Tage vorarbeiten sollte, es geht einfach nur darum, bestimmte Stichworte oder Fakten schon mal *gesehen* zu haben.

Werden diese dann in der darauffolgenden Stunde durchgenommen, haben wir – auch wenn uns das noch nicht voll bewusst ist – ein gewisses Netzwerk in unserem Gehirn zur Verfügung, in das wir die neuen Informationen nun leichter eingliedern können. Dadurch wird es einfacher für uns, diese Informationen zu speichern und wenn es darauf ankommt, wieder abzurufen.

---

17 https://blog.neuronation.com/de/priming-wie-konnen-sie-es-nutzen/

Eine weitere Möglichkeit, Priming zu nutzen, ist sich selbst Fragen zu einem Thema zu stellen, ehe man neue Informationen dazu aufnimmt.

Geht es beispielsweise darum, die Infos eines Fachtextes zu speichern, kann es hilfreich sein, vorab grob die Überschriften zu überfliegen und sich zu fragen, was mit diesen gemeint ist. Worum es wohl in deinen einzelnen Abschnitten geht oder ob man schon irgendein Vorwissen dazu hat.

Auch hier bilden sich durch einfache Vorüberlegungen allerersten Netzwerke, die uns das tatsächliche Lernen dann erleichtern.

Tabellen

Eine letzte Möglichkeit, um mit Assoziationen zu lernen, ist mit Gegensätzen – zum Beispiel in Form einer gegenüberstellenden Tabelle – zu arbeiten.

Oftmals denken wir bei Assoziationen nämlich nur an Gemeinsamkeiten, die zwei Themen verbinden. Genauso ist ein Unterschied aber auch irgendwo ein gemeinsamer Anknüpfungspunkt. Wenn ich beispielsweise verschiedene statistische Methoden für mein Psychologiestudium auswendig lerne, erstelle ich oft Tabellen, mittels derer ich mehrere Methoden miteinander vergleiche. Wo funktionieren sie ähnlich? Wo komplett anders? Welche Anwendungsbereiche gibt es? Inwiefern ähneln oder unterscheiden sich bestimmte Schritte der Methoden?

In der Klausur kann die innere Visualisierung der Tabelle dann dabei helfen, die gesuchten Informationen – im Abgleich mit den anderen – abzurufen.

Methode	Details	Stärken	Schwächen

Das war es im Kern mit den Lernmethoden an sich, die ich dir in diesem Buch vorstellen wollte. Alles erfolgreiche Lernen basiert auf den Prinzipien Active Recall, Spaced Repetition, Interleaving und Assoziationen.

Ich verspreche dir, dass du in Zukunft einfach und schneller zu besseren Leistungen kommst, wenn du es schaffst, die vorgestellten Tools in deinen Lernalltag zu integrieren.

Welche Lernmythen du getrost wieder vergessen kannst

Zuletzt möchte in diesem Kontext aber noch mit einigen Mythen aufräumen, auf die man bei der Suche nach Lerntipps häufig stößt – die offen gesagt aber totaler Unsinn sind und dich womöglich noch wertvolle Zeit kosten.

Mythos 1: Die Idee der »Lerntypen«

Die Idee, dass Menschen in verschiedene Lerntypen eingeteilt werden können, ist ein weit verbreiteter Mythos. Diese Vorstellung basiert auf der Annahme, dass wir Menschen Informationen auf ganz unterschiedliche Weise am besten aufnehmen und verarbeiten. So sollen **visuelle Lerntypen** am besten lernen, wenn sie Inhalte *sehen* können. Diesen Menschen wird oft empfohlen, mit Mindmaps und Grafiken zu arbeiten.

Sogenannte **auditive Lerntypen** sollen am besten lernen können, wenn sie Lerninhalte *hören*, zum Beispiel mithilfe eines Hörbuchs oder Podcasts. **Haptische Lerntypen** wiederum sollen Informationen am besten erfühlen können.[18]

Aus wissenschaftlicher Sicht gibt es jedoch keine Belege für die Existenz von Lerntypen. Vielmehr zeigen Studien, dass Men-

---

18 Vester, F. (2001). Denken, lernen, vergessen: was geht in unserem Kopf vor, wie lernt das Gehirn und wann läßt es uns im Stich?

schen Informationen über alle Sinne hinweg aufnehmen und verarbeiten können.[19]

Visuelle Lerntypen nehmen Informationen also auch hörend auf, arbeiten dementsprechend genauso mit dem auditiven Kanal. Ebenso wie auditive Lerntypen Informationen visuell aufnehmen und verarbeiten.

In einer empirischen Studie aus dem Jahr 2015 beispielsweise mussten Teilnehmer:innen einen Fragebogen ausfüllen, mithilfe dessen sie einem auditiven oder visuellen Lerntyp zugeordnet werden konnten. Beiden Gruppen wurde anschließend ein Wissenstest sowohl in Form eines Audios als auch in schriftlicher Form unterbreitet. Die Ergebnisse zeigten, dass es keinen Zusammenhang zwischen dem Lerntyp und den Fähigkeiten gibt, Hörverstehensaufgaben oder Leseverstehensaufgaben zu bearbeiten. Diejenigen, die laut Fragebogen einem visuellen Lerntyp zugeordnet wurden, konnten die Hörverstehensaufgaben genauso gut lösen, wie diejenigen, die dem auditiven Lerntyp zugeordnet wurden – obwohl letztere laut Theorie viel besser hätten abschneiden müssten.[20,21]

Dazu kommt, dass der »richtige« Sinneskanal, über den Informationen aufgenommen werden sollen, auch vom Inhalt des

---

19 *Aslaksen, K. Lorås, H. (2018). The Modality-Specific Learning Style Hypothesis: A Mini-Review. Frontiers in Psychology, 9. DOI:10.3389/fpsyg.2018.01538*

20 *Rogowsky, B. A., Calhoun, B. M., Tallal, P. (2015). Matching learning style to instructional method: Effects on comprehension. Journal of Educational Psychology, 107(1), 64*–78. DOI:10.1037/a0037478

21 *https://de.in-mind.org/article/lerntypen-warum-es-sie-nicht-gibt-und-sie-sich-trotzdem-halten*

Lernstoffes abhängt. Stell dir vor, du wirst gefragt, auf welche Weise du eine neue Information in deinem Gedächtnis verankern möchtest – mithilfe einer PowerPoint-Präsentation vollgespickt mit Grafiken, mithilfe eines Podcast oder mithilfe eines Lesetextes. Dann würdest du doch zunächst erstmal nachfragen, worum es eigentlich geht, oder nicht? Einen neuen Rechenweg in der Mathematik würdest du vielleicht gerne mit Grafiken und Pfeilen gezeigt bekommen, während du über ein Phänomen aus der Geschichte vielleicht eher lesen wollen würdest.

Und last but not least: Es gelingt in der Psychologie generell *selten*, Menschen in »Typen« einzuteilen. Wir liegen in der Regel nicht in Form von Kategorien vor. Wir sind nicht Entweder … Oder. Schwarz oder weiß. In der Regel bewegen wir uns in Dimensionen oder Spektren. Vielleicht haben wir eine *Neigung*, besser mit Grafiken oder Bildern lernen zu können, aber das heißt nicht, dass diese Präferenz auf alle Situationen zutrifft, oder dass wir mit Hörinhalten gar nicht lernen können. Solche Aussagen sind zu einfach gedacht.

Wir nehmen also mit: *Lerntypen existieren nicht wirklich.*

Und können sogar noch einen Schritt weiter gehen: Je mehr Sinneskanäle wir beim Lernen mit einbeziehen, desto besser für unser Ergebnis!

Die sogenannte **multisensorische Lerntheorie** besagt, dass das Gehirn leichter lernt, wenn mehrere Sinne parallel angesprochen werden.[22] Das Ganze wurde 2015 im Rahmen einer interessanten Studie untersucht: Dabei mussten die Probandinnen

---

22 www.mpg.de/8930937/vokabel-lernen-gesten

und Probanden eine fiktive Sprache erlernen, also eine Sprache, die es so nicht gibt. Auf diese Weise wurde sichergestellt, dass noch keine Vorkenntnisse existierten, die einigen einen Vorteil verschaffen könnten.

In einem ersten Experiment ließen die Teilnehmenden nach dem Hören eines Wortes entweder ein passendes Bild oder eine Geste auf sich wirken. In einem zweiten Experiment malten sie das Wort symbolisch in der Luft nach oder drückten es mit einer Geste aus. Anschließend wurde überprüft, wie viele Wörter der fiktiven Sprache sie noch erinnerten.

Es zeigte sich, dass sie sich am besten an einen Begriff erinnerten, wenn sie ihn selbst mit Gesten ausgedrückt hatten. Wenn sie das Wort hörten und zusätzlich ein Bild davon sahen, konnten sie es sich ebenfalls besser merken, als wenn sie das Wort nur hörten. Das Gehirn kann also neue Informationen, die über verschiedene Sinneskanäle eintreffen, besser verarbeiten und speichern, wenn sie miteinander verknüpft werden. Dies gilt auch für das Lernen von Fremdwörtern. Die Assoziationen zwischen den verschiedenen Informationen verstärken sich gegenseitig und tragen so dazu bei, dass sich der Originalbegriff und seine Übersetzung besser einprägen.

Wenn du also das nächste Mal lernst, dann versuche doch mal, genau diese Methode in deinen Lernprozess zu integrieren. Höre dir eine Vorlesung beispielsweise nicht einfach nur an, sondern mache dir Notizen (am besten in Form einer Mindmap) dazu. Damit nimmst du Lerninhalte sowohl auditiv als auch visuell auf. Oder versuche, wenn du den Lernstoff dir selbst oder anderen Leuten erklärst, ihn mit passenden Gesten zu untermauern.

Mythos 2: Mehr Lernen bedeutet immer bessere Leistungen

Dieser Aussage (und ich nenne sie jetzt einfach einmal Ammenmärchen) begegnen wir ständig, nicht wahr? Kamen wir als Kinder mit einer schlechten Note nach Hause, war die einzige Erklärung dafür, dass wir »nicht genug gelernt haben«. Oder?

Vergleichen wir unsere Noten mit denen unser Mitschüler: innen oder Kommilitoninnen und Kommilitonen dann haben die, die schlechteren Noten bekommen haben, automatisch weniger gelernt und waren faul, richtig? Nicht immer. Diese Aussage unterschätzt nämlich – ganz davon abgesehen, dass sie enormen Druck ausübt, dauerhaft am Schreibtisch zu sitzen und zu pauken – die Komplexität von Lernen und Leistung...

Lernen und Leistung sind nicht lineare Funktionen, sondern unterliegen einer Reihe von Faktoren, die sich gegenseitig beeinflussen. Zu den Faktoren, die die Beziehung zwischen Lernen und Leistung beeinflussen, gehören unter anderem:

- *Die Qualität des Lernens:* Lernen ist nicht gleichbedeutend mit dem bloßen Anhäufen von Informationen. Es ist wichtig, dass der ganze Prozess nachhaltig angelegt ist, d. h. dass aktiv gelernt wird (siehe »Welche Lernstrategien greifen wirklich«)
- *Die Lernmotivation:* Motivation ist ein entscheidender Faktor für Lernen und Leistung. Lernende, die motiviert sind, lernen effektiver und erzielen bessere Leistungen (siehe »Wie du Motivation langfristig aufbaust«)

- *Die Lernvoraussetzungen:* Faktoren wie Vorwissen und die kognitiven Fähigkeiten beeinflussen die Lerngeschwindigkeit und die maximale Lernleistung entscheidend.
- *Die Lernumgebung:* Die Qualität der Lernmaterialien beispielsweise und die Lernunterstützung von Eltern und Geschwistern können sich positiv oder negativ auf das Lernen und die Leistung auswirken.

Hinzukommen viele weitere Faktoren, die zu zahlreich sind, um sie alle einzeln aufzulisten, wie zum Beispiel die eigene Gesundheit (hierzu gehört auch die mentale Gesundheit), die Tagesform, die Schlafdauer und -qualität am Tag vor der Prüfung usw.

Soll heißen: Du kannst so viel lernen, wie du willst – wenn du nicht effektiv lernst, wird deine Note vermutlich trotzdem nicht so ausfallen, wie du dir das wünscht. Die Person aber, die effektiv lernt, wird aller Wahrscheinlichkeit eine bessere Note erreichen, auch wenn sie viel weniger am Schreibtisch saß als du.

Du kannst so viel lernen, wie du willst – wenn du es in einer Umgebung tust, in der es laut und chaotisch ist, wird das vermutlich nicht zum gewünschten Ergebnis führen.

Und: Du kannst so viel lernen, wie du willst – wenn du am Tag vor der Prüfung kaum geschlafen hast oder krank bist, wird auch das deine Wunschnote nicht befördern. Lernen ist ein komplexer Prozess und sein Ergebnis kann nicht einfach durch das Hochschrauben der Lerndauer erhöht werden. Du solltest immer auch die anderen aufgeführten Faktoren in Betracht ziehen, wenn du ernsthaft vorhast, deine Leistungen in Schule und Uni zu steigern.

Mythos 3: Wer schlechte Noten schreibt, ist dumm

Zu Mythos 2 passt auch Mythos 3, dass schlechte Noten immer gleich fehlende Intelligenz bedeuten würden.

Leider hat sich insbesondere dieses Klischee hartnäckig in unseren Köpfen festgesetzt. Wie oft haben wir schon eine schlechte Note zurückbekommen und uns selbst für unfähig gehalten? Wie oft haben wir in dieser Situation schon an unserer Intelligenz gezweifelt? Ich zumindest habe das früher häufig getan. Und aus meinem Freundeskreis ist mir diese Reaktion auch bekannt.

Zum Glück habe ich später festgestellt, dass das Ganze vollkommender Quatsch ist.

Zum einen muss man erstmal verstehen, dass Noten kein objektives Maß für unsere Leistung sind. Das liegt einerseits daran, dass Noten von Menschen (in dem Fall von Lehrer:innen oder Professorinnen und Professoren) gemacht sind und diese immer, wenn auch unterschwellig, ihre eigene, subjektive Meinung mit in den Bewertungsprozess einfließen lassen.

Lehrkräfte haben in der Regel großen Spielraum bei der Benotung: Sie können weitgehend selbst festlegen, für welche Punktzahl es welche Note gibt. Insbesondere wenn es um mündliche Leistungen geht.[23] Das erklärt auch, warum wir bei einer bestimmten Lehrkraft in einem bestimmten Fach immer

---

23 *www.quarks.de/gesellschaft/bildung/so-wenig-aussagekraeftig-sind-schulnoten/*

eine sehr gute Note bekommen haben und nach einem Lehrerwechsel plötzlich nach unten gerutscht sind.

Lehrkräfte unterliegen genauso Stimmungen wie wir. An Tagen, an denen sie schlecht gelaunt sind, bewerten sie tendenziell auch etwas schlechter. An Tagen, an denen sie gut gelaunt sind, bewerten sie tendenziell besser.

Auch Lehrkräfte haben Schüler:innen oder Studierende, die sie mehr mögen als andere. Und mache Lehrkräfte geben bewusst schlechtere Noten, um ihre Schützlinge anzuspornen, während andere wohlwollend viele gute Noten verteilen.

Davon abgesehen ist es aber auch so, dass Noten immer erst *im Vergleich mit anderen* entstehen. Wenn wir hier also eine gute Leistung zeigen, bekommen wir auch eine gute Note. In einer anderen Klasse oder einem anderen Kurs, in dem die anderen sehr viel leistungsstärker sind als wir, würden wir im Vergleich vielleicht schlechter abschneiden und in der Folge auch eine schlechtere Note bekommen. Und das, obwohl die Leistung auf dem Papier dieselbe ist.

Du kannst dir also merken: Noten bilden niemals zu 100 Prozent deinen eigenen Lernerfolg ab. Sie sind ein stark subjektives Maß –daher wäre es auch fatal, deinen Selbstwert oder die Bewertung deiner Intelligenz von einem solchen Maß abhängig zu machen.

Generell hat Intelligenz auch nicht immer etwas mit Leistung zu tun. Hochbegabte Schüler:innen können trotzdem schlechte Noten haben, genauso wie minderbegabte sehr gute Noten bekommen können. In diesem Zusammenhang spielen wieder die eben genannten Einflussfaktoren zwischen Lernen und Leistung hinein.

Schaue stattdessen viel mehr auf deinen *eigenen Fortschritt*. Wie verbessert sich deine Auffassungsgabe hinsichtlich eines Themas über die Zeit? Inwiefern bist du im Laufe des Lernprozesses in der Lage, immer mehr über ein Thema zu erzählen?

Miss Lernerfolge in Zukunft also auch an solchen Fragen, statt an Noten allein.

Key-Learnings aus Kapitel 1

- Im Gehirn sind beim Lernen hauptsächlich zwei Akteure beteiligt: Neuronen und Synapsen.
- Die Fähigkeit unseres Gehirns, sich zu verändern, das heißt Verbindungen zwischen Neuronen zu schaffen, zu verstärken, zu schwächen oder abzubauen, nennt man Neuroplastizität.
- Neuer Lernstoff passiert drei Komponenten unseres Gedächtnisses: das sensorische Register, das Arbeitsgedächtnis und das Langzeitgedächtnis.
- Herkömmliche Lernmethoden wie »Immer wieder Durchlesen«, »Pauken« und »Zusammenfassen« funktionieren nicht, da es sich hierbei um passive Lernmethoden handelt, die uns nicht genug fordern.
- Stattdessen solltest du aktiv lernen.
- Active-Recall-Methoden sind: Karteikarten, Übungsfragen, Blurting und die Feynman Methode.
- Außerdem kann Spaced Repetition aktives Lernen unterstützen.
- Interleaving und Assoziationsbildung sind entscheidende Methoden, die deinen Lernerfolg steigern.
- Lerntypen – wie sie häufig in Artikeln zum Thema Lernen aufgeführt werden – gibt es eigentlich gar nicht.
- Mehr zu lernen geht nicht immer mit besseren Leistungen einher.

Notizen

TEIL 2

Wie du richtig Notizen machst

Warum Notizen wichtig sein können – und wann du dir damit selbst ins Bein schießt

Effektives Notizen-Machen ist ein wichtiges Skill, das man sowohl in der Schule als auch an der Uni beherrschen sollte. Schließlich bringt es uns gar nichts, wenn wir wissen, wie wir effektiv neues Wissen aufnehmen, wenn wir dieses in Vorlesungen oder im Unterricht nicht richtig dokumentieren können.

Außerdem ist bereits das Anfertigen von Notizen Teil des Lernprozesses an sich, der uns hilft, die erhaltenen Informationen zu verarbeiten und zu verstehen.

Gutes Notizen-Machen ermöglicht dir:

- Lernstoff für dich zu »konservieren« (das heißt eigene Ideen, Impulse und Fragen zu den Lerninhalten festzuhalten).
- den Stoff, den du kennenlernst, zu verstehen, dich zu erinnern und Zusammenhänge herzustellen.
- dich auf mögliche Prüfungen vorzubereiten.

Ineffektives Notizen-Machen blockiert dich, weil:

- es dich vom Zuhören in der Vorlesung oder im Unterricht ablenken kann.
- es eine zusätzliche Herausforderung darstellt und somit Stress auslösen kann.
- es dazu führen kann, dass du dir zu viele Notizen machst (weil du einfach *alles* notierst), sodass du doppelt so viel

Zeit damit verbringen musst, alles noch einmal durchzugehen, um die wichtigen Punkte herauszufiltern.

Mithilfe der richtigen Technik werden diese Probleme allerdings nicht aufkommen.

Die effektivste Art, sich Notizen zu machen, ist *aktiv* und nicht *passiv* – ähnlich wie beim Lernen. Damit geben wir den Inhalten einen Sinn und bereiten unser späteres, aktives Lernen ideal vor.

Passives Notieren bedeutet:

- reines Unterstreichen von Wörtern (oder schlimmer: Sätzen)
- der Versuch, alles mitzuschreiben, was man in einer Vorlesung hört
- Ideen nicht in eigene Worte zu fassen, sondern nur blind alles kopieren

Aktives Notieren bedeutet:

- Notizen hauptsächlich in eigenen Worten niederschreiben
- eigene Hinweise und Ergänzungen hinzuzufügen
- direkte Zitate nur dann notieren, wenn das ausschließlich von der Lehrkraft so gewünscht ist und in der Klausur nach exakten Wiedergaben gefragt wird
- den Lernstoff schon beim Zuhören aktiv durchdenken und reflektieren

Clever Notizen machen – so geht's!

Nachdem wir nun die Grundlagen zum Thema kurz umrissen haben, steigen wir gleich in die Praxis ein, damit du auch in diesem Bereich neu durchstarten kannst.

Im Folgenden stelle ich dir ganz konkrete Tools zum Notizen-Machen vor, die ich bereits seit Jahren selbst anwende und die auch Tausende Schülerinnen und Studierende erfolgreich Tag für Tag einsetzen.

Klassisch: Auf Folien mitschreiben

Für all diejenigen, die nach einer Methode suchen, die recht unaufwändig und zeitsparend ist, ist das klassische Auf-Folien-Mitschreiben wohl das Mittel der Wahl.

Es ist supereffektiv und einfach.

Wenn deine Lehrkräfte so freundlich sind, dir die Folien der Lehrveranstaltung vorab zur Verfügung zu stellen (in den allermeisten Unis ist dies das so und auch in Schulen passiert es immer häufiger), lade dir die Dateien herunter, drucke sie entweder aus oder lade sie in eine Notizen-App deiner Wahl. Notiere dann während der Veranstaltung nur das, was *nicht* bereits auf den Folien steht.

Das bedeutet: Zusätzliche Kommentare deiner Lehrkraft, Hinweise wie »Das ist wichtig!« oder auch Fragen, die bei dir aufkommen. Du kannst auch wichtige Punkte farbig markieren, um sie später schneller wiederzuerkennen.

Der Vorteil dieser Methode ist, dass dir die fertigen Folien bereits eine Gliederung vorgeben – diese musst du also nicht mehr selbst erstellen. Außerdem hast du dabei die Möglichkeit, wirklich aktiv zuzuhören. Bei allen anderen Methoden läufst du nämlich schnell Gefahr, *nur* noch zu schreiben, was deine Kapazität enorm blockiert, neue Informationen, die parallel gesprochen werden, aufzunehmen. Ohne den Druck, dauerhaft schreiben zu müssen, kannst du den Lernstoff auf diese Weise deutlich tiefgehender verarbeiten.

fokussieren wir mehr auf den Duft der Mandarine, werden wir weniger vom tatsächlichen Inhalt des Unterrichts wahrnehmen (und behalten).
↳ Frage 2

Im nächsten Schritt gelangen die sensorischen Informationen in unser **Arbeitsgedächtnis**. Viele bezeichnen es vereinfacht ausgedrückt als Kurzzeitgedächtnis, allerdings passiert hier zu viel, als dass man es lediglich als kurzen Zwischenspeicher abtun könnte.
→ Anmerkung

Das Arbeitsgedächtnis ist die Verbindungsstelle zwischen sensorischem Register und Langzeitgedächtnis und *der* zentrale Ort für Informationsverarbeitungen aller Art. Alles, was uns im aktuellen Moment präsent ist, Gedanken, Meinungen, bewusst empfundene Gefühle etc., läuft hier ab. Leider hat das Arbeitsgedächtnis aber nur eine begrenzte Speicherdauer und Kapazität. Es kann nur zwischen fünf und sieben Informationen gleichzeitig behalten[5] und diese auch nur für circa 20 Sekunden[6].
→ Anmerkung

Danach geht eine Information entweder verloren oder sie wandert ins **Langzeitgedächtnis**.

Dieses wiederum hat einen unbegrenzten Speicher – sowohl zeitlich als auch hinsichtlich der Datenquantität. Wenn eine Information es also einmal ins Langzeitgedächtnis geschafft hat, kann sie so gut wie nicht mehr vergessen werden. So etwas wie »vergessen« gibt es auch streng genommen gar nicht. In-

5 *Miller, G. (1955). The magical number seven, plus or minus two: Some limits on our capacity for processing information. Psychological Review Vol. 101, No. 2, 343–352.*

6 *www.pschyrembel.de/Ged%C3%A4chtnis/K08J9*

Die Outline-Methode

Diese Technik wird verwendet, um Informationen in einer hierarchischen Struktur zu organisieren, wobei Aufzählungspunkte oder Einrückungen verwendet werden, um die Beziehungen zwischen Hauptgedanken, Unterthemen und unterstützenden Details aufzuzeigen.

Es ist ein Vorgehen, das die Struktur und die Hierarchie des Inhalts erfasst und es erleichtert, das gesamte Thema und die Verbindungen zwischen verschiedenen Unterpunkten zu erkennen.

So funktioniert Outlining:

- **Ganz oben links notierst du das Hauptthema.**
- **In den Zeilen darunter fügst du dann Unterthemen hinzu, die du jeweils weiter nach rechts einrückst.**
- **Jedes dieser Unterthemen kannst du mit unterstützenden Fakten, Anmerkungen oder Fragen, die aufkommen, ergänzen. Rücke diese Textzusätze noch weiter nach rechts ein.**

Die Methode sorgt für Übersicht in deinen Notizen. Sie setzt allerdings auch voraus, dass du dir *vorab* Gedanken über die genaue Struktur der Themen machst, damit du weißt, an welcher Stelle welche Unterthemen notiert werden müssen und wie viel Platz du für diese brauchst.

Hauptthema

- Unterthema 1
  - Fakt
  - Anmerkung
  - Frage 1
  - Frage 2
- Unterthema 2
  - Anmerkung
  - Frage
- Unterthema 3
  - Frage 1
  - Frage 2

Die Cornell-Note-Taking-Methode

Die Cornell-Note-Taking Methode[24] wurde von Dr. Walter Pauk, einem Bildungsforscher der Cornell University, New York in den 1950er-Jahren entwickelt. Sie kann dir dabei helfen, deine Notizen zu ordnen und sie aktiv in deinen Lernprozess mit einzubeziehen.

---

24 https://lsc.cornell.edu/how-to-study/taking-notes/cornell-note-taking-system/

Du startest damit, dein Papier (oder auch dein digitales Dokument, wenn du am Tablet arbeitest) in drei Einheiten zu unterteilen:

Ganz oben notierst du als Überschrift das Thema der Stunde oder der Vorlesung. Die große Fläche auf der rechten Seite nutzt du dann für Notizen in dem Sinne, wie du es vermutlich bis jetzt kanntest: Du schreibst auf, was gesagt wird, und notierst Details. Achte aufgrund der eingeschränkten Fläche aber darauf, keine ganzen Sätze, sondern eher kurze Phrasen zu notieren.

Die Kunst guter Notizen liegt darin, dass man auf einen Blick schnell erkennen kann, was wichtig ist und was nicht. Ganze Sätze können dies nicht leisten. Dafür ist der Leseaufwand, insbesondere bei langen, verschachtelten Satzkonstruktionen zu groß.

Die linke Spalte ist dafür gedacht, übergreifende Stichworte zu formulieren. Geht es in der Stunde beispielsweise gerade um die Evolutionstheorie, notierst du als möglichen Unterpunkt »Evolutionstheorie Darwin« auf der linken Seite und führst detailliertere Inhalte dazu auf der rechten Seite auf.

Denke dabei daran, dass die linke Seite später deiner Orientierung dient, um schnell zu den Stellen springen zu können, die für dich wichtig sind. Du kannst diesen Bereich auch für Symbole nutzen, wie zum Beispiel für Ausrufezeichen, um etwas Wichtiges zu betonen, oder für Fragezeichen, wenn dir etwas unklar sein sollte. nDen unteren Seitenbereich lässt du im Laufe der Veranstaltung vorläufig frei. Erst ganz am Ende– wenn du alles gehört hast – nimmst du dir fünf bis zehn Minuten Zeit, um dir den gesamten Inhalt noch mal anzuschauen und zu reflektieren. Dann fasst du hier in wenigen Sätzen zusammen, was der Kern des Gehörten war.

Wenn du Wochen später, zum Beispiel kurz vor einer Klausur, deine Cornell-Notes wieder heranziehst, kannst du dich durch die Sum-ups am Ende rasch einlesen. Die linke Spalte erleichtert es dir, dich innerhalb der Detailinfos schnell zurechtfinden.

Und: Wenn du die rechte Seite mit einem Blatt oder einer Hand abdeckst, lassen sich deine Notizen auch direkt zum Lernen nutzen. Du liest nur die Stichworte auf der linken Seite und ergänzt die zugehörigen Infos der rechten Seite aus dem Gedächtnis. Im Anschluss kannst du schnell prüfen, was du richtig hattest und was noch fehlte.

Cornell Notes sind also nicht nur ein effektiver Weg, um Inhalte sinnbringend zu notieren, sondern auch, um Wissen wieder abzurufen – das wiederum spart enorm Zeit im ganzen Lernprozess!

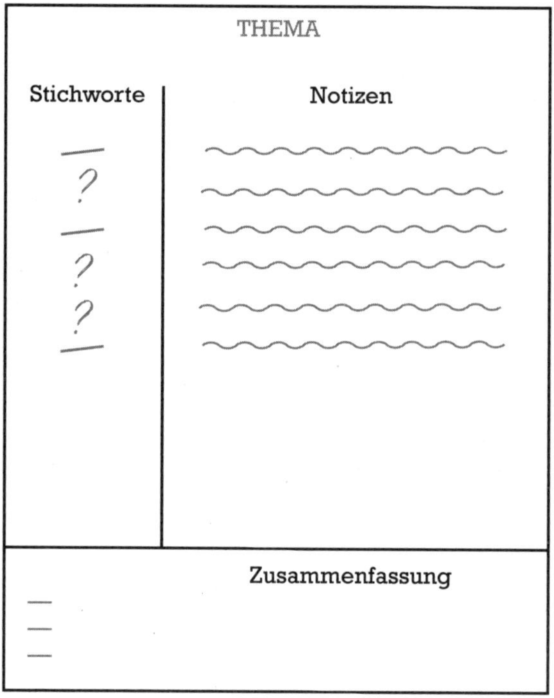

Mindmaps

Mindmaps hatten wir bereits im letzten Kapitel kennengelernt, als es um das Thema **Assoziatives Lernen** ging. Sie eignen sich bestens zur Prüfungsvorbereitung, um den Stoff für sich selbst noch einmal in vernetzter Form darzustellen. Zum Beispiel, wenn du dir vorher keine Notizen oder Notizen in anderer Form gemacht hast.

Um Zeit zu sparen, kannst du deine Mitschriften aber auch direkt in Form einer Mindmap anlegen.

Ich persönlich schätze diese Art des Notierens besonders aus dem Grund, weil mir schon während der Veranstaltung selbst die Verbindungen zwischen den einzelnen Inhalten klar werden und ich sie später nicht erst herausarbeiten muss.

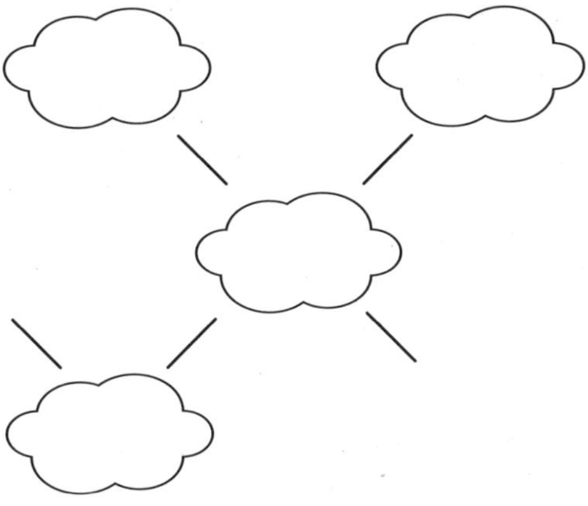

Mindmaps eignen sich bestens für Veranstaltungen, in denen sehr häufig zwischen Themen hin- und hergewechselt bzw. auf frühere Themen Bezug genommen wird. Lineare Notizen (bei denen man einfach hintereinander alles aufschreibt, was gesagt wird), laufen schnell Gefahr, dass man gar keinen Platz mehr hat, um noch ergänzende Details hinzuzufügen. Visuelle Rückbezüge lassen sich ebenfalls kaum darstellen.

Die SQ3R-Methode

Diese Technik kann zwar auch in Vorlesungen oder im Unterricht angewendet werden, zeigt ihre wahren Stärken aber dann, wenn du eigenständig Informationen aus Sachtexten ziehen musst und diese notieren möchtest. Sie hilft dir dabei, Texte *wirklich* zu verstehen und langfristig zu behalten. Sie besteht aus fünf Komponenten: Survey, Question, Read, Recite and Review (SQ3R).[25] Oder auf Deutsch: Überblick, Befragen, Lesen, Wiedergeben, Rekapitulieren.

1. Survey –Informationen überfliegen
Bevor du dich in den Lesestoff vertiefen kannst, ist es wichtig, dass du dich mit ihm vertraut machst. Das bedeutet, dass du dir ein Gesamtbild verschaffen musst. Dazu kannst du folgende Schritte unternehmen:

- Lies den Klappentext, die Biographie des Autors und das Inhaltsverzeichnis.
- Blättere durch und schaue dir die Überschriften an.
- Lies Zusammenfassungen am Ende von Kapiteln.
- Wirf einen kurzen Blick auf Abbildungen und Tabellen.

---

25 https://ucc.vt.edu/academic_support/study_skills_information/sq3r_reading-study_system.html

Dieser Schritt hilft dir dabei, den Lesestoff besser zu verstehen. Du erfährst, welche Sprache der Autor benutzt, wie das Buch bzw. der Text aufgebaut ist und welche Themen behandelt werden. Dadurch kannst du dich gezielter auf den Lesestoff konzentrieren und deine Leseziele besser definieren. Achte dabei unbedingt auf Lesehilfen: Kursivschrift, Fettdruck, Kapitelziele und Fragen am Ende des Kapitels helfen dir, den Text besser zu verstehen.

2. Question – Fragen stellen

Nachdem du dich mit dem Lesestoff vertraut gemacht hast, ist es Zeit, Fragen zu stellen, die der Text dir beantworten soll. Frage dich, was du wissen möchtest, wenn du den Text fertiggelesen hast.

Diese Fragen geben dir eine Richtung beim Lesen vor und einen Fokus, mit dem du wichtige Informationen von Unwichtigen trennen kannst. Wenn du beispielsweise wissen möchtest, welche Meinung ein Autor zu Thema A hat, kannst du seine Meinung zu Thema B bewusst überspringen.

- Was ist die Hauptaussage des Textes oder des Buches?
- Welche Argumente werden für die Hauptaussage vorgebracht?
- Welche Gegenargumente werden gegen die Hauptaussage vorgebracht?
- Welche Schlussfolgerungen kann man aus dem Text oder dem Buch ziehen?
- Was bedeutet der Text oder das Buch für mich persönlich?

3. Read – Lesen
Nachdem du dir ein Gesamtbild des Lesestoffs verschafft und Fragen gestellt hast, ist es Zeit, den Lesestoff aktiv zu lesen. Aktiv bedeutet konzentriert und verständnisorientiert.

- Lies langsam und aufmerksam. Nimm dir Zeit, um den Lesestoff zu verstehen.
- Markiere wichtige Aspekte. So kannst du später leicht darauf zurückkommen.
- Frage dich, was der Autor dir sagen will. Welchen Standpunkt vertritt er? Welche Argumente bringt er vor?
- Versuche Zusammenhänge zu erkennen. Wie hängen die einzelnen Teile des Textes zusammen?
- Lies nach, wenn du etwas nicht verstehst. Es ist besser, etwas noch einmal zu lesen, als es nicht zu verstehen.

Hangele dich beim Lesen an den Fragen, die du in Schritt 2 definiert hast, entlang.

4. Recite – Wiedergeben
Nachdem du den Lesestoff aktiv gelesen hast, lautet der nächste Schritt, ihn in eigenen Worten zusammenzufassen.

- Überlege dir, was die wichtigsten Punkte des Textes sind. Welche Informationen sind für dich relevant?
- Fasse die wichtigsten Punkte in eigenen Worten zusammen. Vermeide es, den Text wörtlich abzuschreiben.
- Verwende deine eigenen Formulierungen und Beispiele. So kannst du den Lesestoff besser verstehen und behalten.

5. Review – Rekapitulieren
In der letzten Phase geht es darum, den Lesestoff mit deinem bisherigen Wissen zu verknüpfen. Das kannst du tun, indem du dir folgende Fragen stellst:

- Welche Zusammenhänge bestehen zwischen dem gelesenen Text und meinen bisherigen Kenntnissen?
- Welche neuen Erkenntnisse habe ich gewonnen?
- Welche Fragen sind noch offen?

Um die Antworten auf diese Fragen zu finden, kannst du folgende Schritte unternehmen:

- Lies den Text noch einmal durch.
- Überlege dir, was du aus dem Text gelernt hast.
- Vergleiche den Text mit deinen bisherigen Kenntnissen.

Insgesamt ist die SQ3R-Methode ein hocheffektiver Weg, um Texte wirklich zu durchdringen. Oftmals passiert es uns nämlich, dass wir etwas lesen und uns schon kurz nach dem Lesedurchgang an kaum etwas erinnern können, was im Artikel besprochen wurde.

Das passiert mit dieser Technik nicht.

Natürlich ist das Vorgehen sehr zeitintensiv, weswegen man genau überlegen sollte, in welchen Situationen man es anwendet (zum Beispiel, wenn bei einem Text explizit angekündigt wird, dass er klausurrelevant ist, im Gegensatz zu einem Text, der aus freien Stücken ergänzend noch gelesen werden kann).

Kurzcoaching zum Notizen-Machen (egal für welche Methode du dich entscheidest):

- Halte dich kurz!
- Achte auf ausreichend Abstand zwischen den einzelnen Punkten, damit du sie gut erkennen und bei Bedarf später weitere Details hinzufügen kannst. Clustere dabei Inhalte, die zusammenhängen.
- Illustrationen, Beispiele und Diagramme können dir helfen, Ideen weiter zu veranschaulichen.
- Arbeite mit verschiedenen Farben, Mustern, Hervorhebungen und Unterstreichungen.
- Frage dich bei allem, ob du diese Notizen auch in ein paar Wochen, wenn du nicht mehr im Thema bist, verstehen wirst.

Was du vor und nach der Veranstaltung tust, kann genauso wichtig sein, wie das, was du währenddessen tust. Wenn du dich etwa auf die Veranstaltung vorbereitest, indem du dir vorgegebene Folien schon einmal ansiehst, hilft dir das dabei, die Vorlesung leichter zu verstehen, und du hast eine bessere Vorstellung davon, wann es sich lohnt, etwas mitzuschreiben (Stichwort: Priming)

Vor der Vorlesung kannst du ausserdem:

- über den Titel und die Gliederung der Vorlesung nachdenken und überlegen, wie diese mit dem Rest des Moduls zusammenhängen. Denke dabei bewusst darüber nach, was du bereits weißt und was noch nicht.
- die Inhalte schon mal grob überfliegen, wenn du Zeit dafür hast.

Während der Vorlesung solltest du:

- auf Hinweise zu Form oder Struktur der Veranstaltung achten, die dir dabei helfen, deine Notizen zu ordnen, z. B.:
- »Heute werden wir uns mit ... befassen.«
- »Ich werde drei Hauptaspekte besprechen...«
- »Nun möchte ich zu...« »Ich möchte betonen...« »Zusammenfassend...« (gilt für den Fall, dass keine Folien vorab zur Verfügung gestellt werden)
- den Fokus auf bestimmte Schlüsselwörter legen. Achte z. B. darauf, wenn Wörter oder Sätze wiederholt werden.
- in deinen Notizen alle Wörter, die besonders wichtig zu sein scheinen, umkreisen oder unterstreichen. Gibt es bestimmte Wörter, die die Gesamtbotschaft zusammenfassen?
- aktiv zuhören und während der Veranstaltung bewusst darüber reflektieren, welche Inhalte gerade vermittelt werden.

Nach der Vorlesung solltest du:

- dir kurz die Zeit nehmen, um über das Gelernte nachzudenken.
- das Gelernte in wenigen Sätzen zusammenfassen und notieren, was deiner Meinung nach die wichtigsten Punkte waren.
- alles hinzufügen, was du noch wissen musst. Etwa, wenn für die Prüfung noch Lehrbücher vorausgesetzt werden: Beispiele können Faktenwissen bestens ergänzen. Oder ergänzende Details, mit denen du deine Notizen weiter schärfst.

- alle Fragen aufschreiben, die dir dabei noch in den Sinn kommen. Kümmere dich darum, diese Fragen zu klären, zum Beispiel, indem du dich im Nachgang noch mal in Verbindung mit deiner Lehrkraft/deinem Prof. setzt.
- wiederholen, wiederholen, wiederholen!

  Stelle sicher, dass du deine Notizen innerhalb der ersten 24 Stunden nach der Vorlesung durchgehst. Dadurch wird alles, was du gehört und gelernt hast, in deinem Gehirn verankert, sodass du es später nicht vergisst (Stichwort: Vergessenskurve).
- alle paar Tage einen kleinen Teil deiner Notizen durchgehen. Versuche nicht, alle deine Notizen erst kurz vor der Prüfung durchzupauken. Wenn du das Gelernte über einen längeren Zeitraum wiederholst, bleibt es im Gedächtnis haften und du kannst dich besser daran erinnern (Stichwort: Spaced Repetition).
- deine Notizen sorgfältig aufbewahren, damit du sie wiederfindest, wenn du sie brauchst. Es lohnt sich, dir dabei eine für dich funktionierendes System zurechtzulegen, nach dem du deine Aufschriften »verwaltest«.

Key-Learnings aus Kapitel 2

- Gutes Notizen-Machen ermöglicht es dir, den Stoff, den du neu kennenlernst, zu verstehen, dich zu erinnern und Zusammenhänge herzustellen.
- Notizen sind demnach ein wichtiger Schritt in deinem Lernprozess.
- Tools, um Notizen sinnvoll anzulegen, sind: die Folien-Methode, die Outline-Methode, die Cornell-Notes-Methode, die Mindmap-Methode und die SQ3R-Methode.
- Du weißt nun, was du vor, während und nach der Lehrveranstaltung tun kannst, um deinen Lernerfolg zu steigern.

Notizen

TEIL 3

Wie du wirklich konzentriert bleibst

Dich nicht ablenken lassen – leichter gesagt als getan

Du weißt jetzt, wie du richtig lernst und wie du dein neu gewonnenes Wissen richtig zu Papier bringst. Welche Technik in diesem Zusammenhang funktioniert – und welche nicht.

Was aber, wenn du alle genannten Tipps, alle Ratschläge umsetzt, im Lernprozess selbst aber ständig den Fokus verlierst? Was, wenn du dich ständig ablenken lässt und so gar nicht wirklich tief lernen *kannst*?

In dem Fall liegt ganz klar ein Konzentrationsproblem vor. Konzentration ist eine Schlüsselkompetenz für uns Lernende. Sie ist entscheidend dafür, Informationen zu verstehen und zu behalten. Ohne sie fällt es schwer, dem Unterricht zu folgen, Aufgabenstellungen zu bearbeiten oder Prüfungen zu bestehen.

Und da laut Statistiken rund 50–70 Prozent[26] aller Schüler:innen und Studierenden ein Problem damit haben, Konzentration aufzubauen oder aufrechtzuerhalten, werden wir dem Thema ein komplettes Kapitel widmen.

Wir werden besprechen, was Konzentration im Kern eigentlich bedeutet, wie wir sie trainieren und was wir tun können, um uns weniger ablenken zu lassen.

---

26 https://opti-mind.de/unkonzentrierte-schuelerinnen/

Was ist Konzentration überhaupt?

Der Begriff Konzentration kommt vom lateinischen Wort »concentra« (übersetzt: »zusammen zum Mittelpunkt«). In der Psychologie wird Konzentration als willentliche Fokussierung der Aufmerksamkeit auf ein inneres oder äußeres Ereignis oder Objekt definiert.[27]

Wir merken: Das Ganze hat etwas mit Aufmerksamkeit zu tun und ist etwas, das wir steuern können, da es *willentlich* geschieht. Damit sind wir auch schon beim ersten positiven Aspekt, den wir aus der Definition mitnehmen können. Konzentration kommt und geht nicht einfach. Wir haben Einfluss darauf und können unsere Konzentration schärfen – wenn wir wissen *wie*.

Das Problem ist nur: Im Alltag machen wir das so gut wie nie. Wir leben in einer reizüberfluteten Welt. Die Crux daran ist, dass wir uns von ihr auch tatsächlich ablenken *lassen*. Und das nicht nur beim Lernen oder später beim Arbeiten. Nein – auch bei Hobbys oder sonstigen Aktivitäten, an denen wir eigentlich Spaß haben, fällt es uns schwer, wirklich auf eine Sache zu fokussieren.

In einem Restaurant kann man das wunderbar beobachten: Auch wenn Menschen mit ihrer Familie oder Freunden da sind, liegt bei fast allen anwesenden Personen das Handy auf dem Tisch, und zwar gleich neben dem Teller. Solange das Display schwarz bleibt, ist alles so weit in Ordnung. Man folgt der Unterhaltung, lacht und hat eine gute Zeit. Sobald aber eine Nachricht

27 https://blog.neuronation.com/de/definition-konzentration/

aufploppt, klinkt man sich – zumindest kurz – aus der Unterhaltung aus, um nachzuschauen, wer geschrieben hat. Eventuell reagiert man auch gleich auf die eingetroffene Nachricht.

Ähnlich ist es, wenn wir einen Film schauen. Egal wie spannend die Handlung auch ist, wenn zwischendurch – und seien es nur ein oder zwei Minuten – wenig passiert, greift unsere Hand automatisch zum Handy neben uns. Und schon scrollt man stundenlang durch die Social-Media-Welt oder betreibt Onlineshopping, während man eigentlich gerade etwas anderes machen wollte. Wir lassen uns also ständig von dem ablenken, was eigentlich gerade wesentlich wäre. Und wenn das schon auf Alltagssituationen zutrifft, die für uns an sich erst mal positiv sind wie soll es dann in Situationen sein, in denen wir Dinge tun müssen, auf die wir keine Lust haben? Wie sollen wir uns beim Lernen konzentrieren können – einer Aktivität, die den meisten auf Anhieb vermutlich keine große Freude bereitet – wenn wir es beim Filme-Schauen schon nicht fertigbringen?

Kurzum: Wir leben in einer Welt, in der unser Fokus ständig auf die Probe gestellt wird – insbesondere durch unsere Smartphones. Wir tun aber nichts oder nur wenig dafür, um unsere wertvolle Konzentration inmitten aller Reizüberflutung dennoch zu bewahren.

Ein erster Schritt, um bei genau diesem Problem Abhilfe zu schaffen, ist uns die Trigger anzuschauen, die unsere Aufmerksamkeit ab-lenken und vor allem: herauszufinden, was uns an diesen *so* reizt.

Ablenkungen – einfach allgegenwärtig

Was sind deine persönlichen Ablenkungs-Favoriten? Ist es das Handy, auf das du ständig schaust? Oder sind es Geräusche, die deinen Lernfluss unterbrechen? Sind es Tagträume, in die du immer wieder verfällst?

Ablenkungen treten in vielerlei Formen auf und sind hochindividuell. Was für dich störend ist, nehme ich vielleicht noch nicht mal wahr und umgekehrt. Während ich es nicht lassen kann, immer wieder durch meinen Social-Media-Feed zu scrollen, hast du vielleicht eher Probleme mit den Baugeräuschen aus der Nachbarschaft. *Die* eine Ablenkung gibt es also nicht. Generell lassen sich Ablenkungen aber in zwei Kategorien einteilen: externe und interne.

Externe Ablenkungen kommen uns bei diesem Thema wahrscheinlich als Erstes in den Sinn: Das sind Störungen, die von außen kommen und die von anderen Menschen oder der uns umgebenden Umwelt ausgehen. Beispiele hierfür sind ganz klassisch das Handy, aber auch die Geschwister, die beim Lernen ständig ins Zimmer rennen, das Gerede von Mitstudierenden in der Vorlesung oder laute Baugeräusche vor dem eigenen Fenster.

Diese Art von Ablenkungen lassen sich relativ zügig aus der Welt schaffen bzw. wir können Lösungen finden, um ihnen aus dem Weg zu gehen. Das Problem ist, das wir genau das in der Regel *nicht machen.* Wir legen also beispielsweise unser Handy beim Lernen direkt neben uns auf den Tisch. Natürlich reden wir uns ein, dass wir nicht draufschauen werden, egal was dort aufleuchtet. Aber die Realität sieht meistens anders aus.

Handys: Ablenkungsweltmeister

Selbst wenn du dir sicher bist, dass dein Smartphone dich nicht aus dem Konzept bringen wird, kannst du trotzdem dem sogenannten **Proximity-Effekt** zum Opfer fallen.

Was damit gemeint ist? Einfach ausgedrückt: Wenn sich dein Handy in deiner Nähe befindet – wenn es also leicht zu greifen ist – kann das deine kognitive Leistung (also besonders dein Lernen) beeinträchtigen, auch wenn du das Gerät eigentlich gar nicht benutzt.[28] Dieser Zusammenhang wurde im Rahmen mehrerer Studien untersucht.

Nehmen wir zum Beispiel ein Forschungsprojekt aus dem Jahr 2017[29] mit fast 800 Smartphone-Nutzerinnen und -Nutzern, das Wissenschaftler der Universität von Texas durchgeführt haben. Sie wollten herausfinden, wie sich die Präsenz von Smartphones auf die kognitive Leistung der Teilnehmenden auswirkt, die sie dazu in drei Gruppen einteilten:

Die *Schreibtisch-Gruppe* brachte ihre Handys mit in den Testbereich und legte sie mit der Vorderseite nach unten auf den Schreibtisch.

---

28 www.dataquest.io/blog/phone-proximity-effect

29 Ward, A. F., Duke, K., Gneezy, A., Bos, M. W. (2017). Brain drain: The mere presence of one's own smartphone reduces available cognitive capacity. Journal of the Association for Consumer Research, 2(2), 140–154. DOI:10.1086/691462

Handystudie

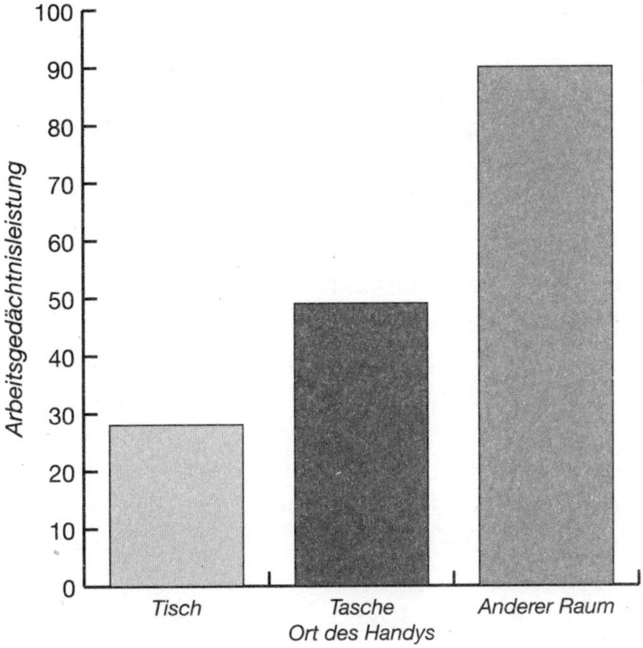

Die *Taschen-Gruppe* brachte ihre Handys mit in den Testbereich, ließ sie aber in einer Tasche oder einem Beutel.

Die Gruppe *anderer Raum* ließ ihr Handy in einem anderen Zimmer liegen, ehe sie den Testbereich betrat.

Alle drei Gruppen wurden angewiesen, ihre Handys auf lautlos zu stellen und die Vibration auszuschalten, damit keine Anrufe, SMS oder Benachrichtigungen sie während des Tests ablenken konnten. Im Testraum angekommen, absolvierten die Probanden eine Reihe von Tests, mit denen ihre kognitive Leistungsfähigkeit gemessen werden sollte. Anschließend beantworteten sie einen Fragebogen, in dem sie gefragt wurden, wie häufig sie während des Tests an ihr Telefon gedacht hatten und ob sie der Meinung waren, dass der Standort ihres Telefons ihre Leistung beeinträchtigt haben könnte. Die Ergebnisse fielen mehr als eindeutig aus. Die *Schreibtisch-Gruppe* schnitt am schlechtesten ab, die *Taschen-Gruppe* kam auf den zweiten Platz, die Gruppe *anderer Raum* besetzte klar den ersten. Diese Resultate deuten stark darauf hin, dass wir umso schlechter lernen, je näher uns unser Telefon ist, selbst wenn es stummgeschaltet ist.

Vielleicht noch aussagekräftiger waren die Ergebnisse des Fragebogens: Die überwiegende Mehrheit der Teilnehmenden war der Meinung, dass ihr Handy keinen Einfluss auf ihre Leistung hatte, und berichteten, dass sie während der Testphase nicht an ihr Handy gedacht hatten.

Das bedeutet in Summe: *Wenn wir unser Handy in der Nähe haben, verschlechtert sich unsere Leistung, gleichzeitig aber merken wir gar nicht, dass es eine negative Auswirkung auf uns hat.*

Halten wir also fest: Unsere Handys werden nicht nur zum Problem, wenn wir sie während unserer Lernzeit aktiv nutzen, sondern schon dann, wenn sie währenddessen neben uns liegen. Wir sind so daran gewöhnt, dass Social Media, Textnachrichten oder lustige Videos unsere Stimmung kurzfristig aufhellen können, dass wir uns ernsthaft *anstrengen* müssen, nicht ständig nach dem Smartphone zu greifen. Und dieses *anstrengen* reduziert unsere Konzentration extrem.

Handys und der Dopaminkick

Was ist aber das Besondere an Smartphones? Was macht sie zu einem der größten Ablenkungsmagneten dieser Generation? Warum widme ich dem Thema in diesem Buch gerade so viel Raum? Smartphones machen nicht von Natur aus »süchtig«. Im Grunde sind es einfach nur technische, unbelebte Objekte.

Die wahre Ursache für unsere Bindung an diese Geräte ist jedoch die soziale Komponente, die sie uns bieten. Dank Instagram, Tiktok, Whatsapp und Co. führen wir mit unseren Smartphones in jedem Moment unseres Lebens ein riesiges soziales Umfeld in unserer Tasche mit. Wir können jederzeit mit Bekannten in Kontakt treten – selbst, wenn sie kilometerweit entfernt wohnen. Und selbst, wenn wir sie nie persönlich kennengelernt haben.

Obwohl wir Menschen soziale Wesen sind, umfassen die sozialen Strukturen, in denen wir aufwachsen, in der Regel etwa 150 Personen (Familie, Freunde, Schulkameraden und später Kolleginnen und Kollegen…). Diese Zahl ist um vielfache Größenordnungen kleiner als die Milliarden potenzieller Verbindungen, die wir heute in unseren Taschen mit uns herumtragen. Eine Anzahl, die ihre wahre Dimension dann entfaltet, wenn wir bedenken, dass nach jeder einzelnen »erfolgreichen« sozialen Interaktionen ein Hormon namens Dopamin freigesetzt wird.

Dopamin ist ein chemischer Stoff, der von unserem Gehirn produziert wird und der bei der Motivation von Verhaltensweisen eine zentrale Rolle spielt. Er wird ausgeschüttet, wenn wir etwas Leckeres essen, wenn wir Sport treiben und eben auch wenn wir sozial aktiv sind und interagieren – immer, wenn sich etwas gut für uns anfühlt. Positive soziale Interaktionen führen zwar weniger intensiv als Drogen, aber in ähnlicher Weise wie sie zu einer Dopaminausschüttung, die wiederum das vorangegangene Verhalten verstärkt. Verstärkt bedeutet, dass wir, um wieder einen erneuten Dopaminausschuss zu bekommen, das entsprechende Verhalten wiederholen.

Studien im Bereich der kognitiven Neurowissenschaft haben gezeigt, dass belohnende soziale Reize – lachende Gesichter, positive Anerkennung durch Gleichaltrige, Nachrichten von geliebten Menschen – eben diese Belohnungsbahnen aktivieren.[30]

Jede Benachrichtigung, sei es eine Textnachricht, ein »Gefällt mir« auf Instagram oder ein Tiktok-Kommentar, kann damit ein positiver sozialer Stimulus und Dopamin-Zufluss sein.[31] Wie machen sich Social-Media-Apps nun unser dopamingesteuertes Gehirn zunutze?

Hauptsächlich durch *Belohnungen*. Eine nicht ganz neue Idee. Variable Belohnungsschemata wurden vom Psychologen B. F. Skinner bereits in den 1930er-Jahren untersucht. In seinen Experimenten[32] stellte er fest, dass Mäuse dann am häufigsten auf belohnungsassoziierte Reize reagierten, wenn diese in immer wechselnden Abständen gegeben wurden (zum Beispiel mal nach einer Minute, dann nach vier Minuten). Dadurch konnten die Tiere nicht vorhersagen, wann sie belohnt wurden und wann

---

30 https://sitn.hms.harvard.edu/flash/2018/dopamine-smartphones-battle-time/comment-page-1/

31 Krach, S., Paulus, F. M., Bodden, M., Kircher, T. (2010). The rewarding nature of social interactions. Frontiers in behavioral neuroscience, 4, 22. DOI:10.3389/fnbeh.2010.00022

32 Skinner, B. F. (1990). The Behavior of Organisms: An Experimental Analysis. B. F. Skinner Foundation.

nicht. Wenn die Belohnungen immer in denselben Abständen verabreicht wurden, reagierten die Mäuse zwar auch, jedoch weniger intensiv. Bei Menschen ist das ähnlich: Wenn wir den Eindruck haben, dass Belohnungen willkürlich vergeben werden und es wenig Mühe erfordert, zu überprüfen, ob wir belohnt wurden, neigen wir dazu, dies regelmäßig zu überprüfen.

In einfachen Worten: Jederzeit könnte ein neuer Like, eine neue Nachricht oder ein neuer Kommentar auf unserem Handy aufploppen. Wir wissen aber nicht *wann*. Und da wir nicht wissen *wann,* überprüfen wir ständig sämtliche Apps – schließlich könnte es ja *jederzeit* so weit sein.

Hinzukommt, dass die Algorithmen vieler Social-Media- Plattformen mittlerweile personalisiert sind. Mir werden schon lange nicht mehr dieselben Inhalte angezeigt wie dir. Bist du beispielsweise ein großer Hunde-Fan, wird dir auch verstärkt Hunde-Content angezeigt. Kein Autocontent oder Make-Up-Tutorials, denn die könnten ja dafür sorgen, dass du dein Interesse verlierst und die App schließt. Also bekommst du konstant viel von dem angezeigt, was du magst. Natürlich entwickelt sich da schnell ein Gefühl von Sucht.

Handy-Detox-Coaching:

Was können wir also tun, um uns selbst – zumindest etwas – von unseren Handys lösen, damit wir wieder mehr Fokus im Alltag, insbesondere beim Lernen, haben?

1. **Lege das Handy beim Lernen am besten so weit weg wie möglich. Verstau es in deiner Tasche oder noch besser, lasse es in einem anderen Raum. Je unerreichbarer dieses Gerät für dich ist, desto besser.**

Und: Schalte es auf lautlos. Es bringt wenig, wenn das Smartphone im Nebenraum ist, und du es trotzdem die ganze Zeit bimmeln hörst. Dann wirst du das Bedürfnis haben, zu überprüfen, was da gerade vor sich geht.

2. Versuche das Handy so einzustellen, dass es weniger Ablenkung bietet. Das bedeutet erst mal, dass du sämtliche Pop-Up- Benachrichtigungen ausschaltest. Diese stören nur und bringen dich dazu, Apps zu öffnen, die du eigentlich gar nicht öffnen *wolltest*.
Eine weitere Möglichkeit ist, deine meistgenutzten Apps ganz nach hinten zu packen. Denn wenn du dein Handy entsperrst und direkt Instagram und Co. vor dir siehst, ist es kein Wunder, dass sich deine Finger wie automatisch auf das App-Icon zubewegen. Musst du erst einmal etwas scrollen, hast du zumindest noch etwas Zeit, darüber nachzudenken, ob du die App gerade *wirklich* öffnen möchtest.
Außerdem kann es helfen, den Bildschirm in einen Schwarz-weiß-Modus zu stellen. Das ist mittlerweile bei allen gängigen Handymodellen möglich. Social Media lebt nämlich von bunten Farben, hochauflösenden Grafiken und roten Benachrichtigungen. In Schwarz-Weiß wirkt das Ganze plötzlich ziemlich grau und trostlos und man hat viel weniger Lust darauf, länger durch die einzelnen Apps zu scrollen.

3. Setze dir feste Handyzeiten. Das sind Zeiten, in denen du dir *bewusst* Zeit nimmst, durch Social- Media-Inhalte zu scrollen, Nachrichten zu beantworten, deine Lieblingsserie zu schauen und alles Weitere zu tun, wofür du dein Handy gerne nutzt. Es ist nämlich nicht sinnvoll, sich das Handy einfach zu verbieten. Verbote sind nie gut und führen nur dazu, dass der Reiz und das Verlangen viel größer werden.

Denke mal an jemanden, der eine Diät macht. Die Person entscheidet von heute auf morgen komplett auf Schokolade zu verzichten. Wenn Schokolade aber vorher Teil ihrer täglichen Routine war (z. B. weil sie immer auf der Couch vor dem Fernseher Schokolade gegessen hat), ist es schwer, diese Routine ad hoc zu durchbrechen. Ihre Gedanken werden ständig um Schokolade kreisen – bis sie irgendwann nachgibt und große Mengen davon verspeist. Dieser »Druck« ließe sich entschärfen, indem man sich weiterhin Schokolade erlaubt – nur eben in Maßen und bewusst genossen. Dann müssten die Gedanken nicht mehr den ganzen Tag nur um Schokolade kreisen – man weiß ja jederzeit, dass man sie irgendwann bekommt.
Ganz ähnlich funktioniert das mit dem Handy. Dir die Sache vollständig zu verbieten ist nicht nur unrealistisch, sondern auch schwer umzusetzen. Dein Bedürfnis, das Handy zu nutzen, würde nach ein paar Tagen vermutlich viel größer sein als zuvor.
Nimmst du dir aber bewusst, vielleicht am Abend nach einem langen Schul- oder Unitag, Zeit dafür, verliert das Handy tagsüber an Reiz und: Du kannst die Smartphone-Timeslots wieder viel mehr genießen, weil du eben *nicht* den ganzen Tag schon am Gerät gehangen hast.

Weitere Ablenkungen von außen – und wie du mit ihnen umgehen kannst

Wir haben nun sehr viel über das riesige Thema »Smartphones« gesprochen. Neben dem Handy gibt es aber natürlich noch andere Ablenkungen, die von außen kommen und ähnlich stark wirken können.

Geräusche sind insbesondere in Mehrfamilienhäusern ein Problem. Leute reden, vielleicht auch sehr laut. Oder sie hören Musik, während du eigentlich gerade Ruhe brauchst.

Für diesen Fall empfehle ich immer, mit sogenannten Noise-Cancelling-Kopfhörern zu arbeiten, die Umgebungsgeräusche reduzieren. Sie erfassen sie per Mikrofon und erzeugen dann eine entgegengesetzte Schallwelle, die die ursprüngliche Geräuschquelle »stummschaltet«.[33] Mit diesem Hilfsmittel kannst du auch effektiv Stimmen ausblenden.

Bringt dich selbst das nicht weiter, würde ich dringend empfehlen, an einen Arbeitsort zu wechseln, an dem mehr Ruhe herrscht – ein Café, die Universitätsbibliothek, Co-Working-Spaces etc.

Egal wie du es am Ende anstellst, wichtig ist, dir selbst ein Lernumfeld zu schaffen, das konzentriertes Lernen tatsächlich zulässt. Als Hilfstool kannst du gern mit der 20-Sekunden-Regel arbeiten: »Erfunden« hat sie Shawn Achor, Autor des Buches *The Happiness Advantage*. Sie basiert auf der Vorstellung, dass Menschen eher bereit sind, etwas zu tun, wenn es in kurzer Zeit

---

33 https://de.jbl.com/blog/noise-cancelling-kopfhorer.html

einfach zu erledigen ist.[34] Umgekehrt ist die Wahrscheinlichkeit geringer, dass wir etwas tun, wenn es zu viel Mühe macht oder mehr als 20 Sekunden dauert, ehe man überhaupt damit starten kann. Denke mal an ein YouTube-Video, das zu lange braucht, um zu laden. In dem Fall wirst du wahrscheinlich nicht warten wollen, sondern zu einem anderen Video wechseln, oder?

Das Ganze lässt sich sehr gut auf Ablenkungen von außen übertragen: Diese sollten wir so steuern, dass wir mindestens 20 Sekunden brauchen, um wirklich mit ihnen in Berührung zu kommen.

Ablenkungen, die von innen kommen

Nun gibt es neben Einflüssen von außen noch Ablenkungen, die aus uns selbst kommen. Das sind in der Regel entweder Körperwahrnehmungen (zum Beispiel das Gefühl, müde zu sein oder hungrig) oder – viel schwieriger auszublenden – eigene Gedanken und Tagträumereien.

Wahrscheinlich ist dir gar nicht bewusst, in welchem Maße du tagsüber *wirklich* mental abschweifst. Eine Studie der Harvard Universität hat herausgefunden, dass wir 47 Prozent unserer Wachzeit mit Tagträumereien verbringen.[35] Das bedeutet in anderen Worten, dass wir selbst bei wichtigen Aufgaben oft nur die Hälfte unseres Fokus wirklich einsetzen.

---

34 *Achor, S. (2011). The happiness advantage: The Seven Principles of Positive Psychology that Fuel Success and Performance at Work. Random House.*

35 *Killingsworth, Matthew A., Gilbert Daniel T.(2019). A Wandering Mind Is an Unhappy Mind. Science 330,932–*932. DOI:10.1126/science.1192439

Und das hat Konsequenzen: Je weniger wir uns gedanklich wirklich mit einer Aufgabe beschäftigen, desto länger brauchen wir, um sie fertigzustellen. Das bedeutet auch, dass eine Lerneinheit vermutlich weniger effektiv abläuft, als sie es eigentlich tun *könnte*.

Tagträumereien sind selbstverständlich nicht per se schlecht. Es ist ein natürlicher Vorgang, der uns hilft, uns zu entspannen und kreative Ideen zu entwickeln.

Er darf nur nicht *störend* werden.

Und damit das nicht passiert, kannst du zwei Methoden ausprobieren:

Der Zeigarnik-Effekt

Lege ein Blatt Papier neben dich, wenn du lernst. Immer wenn du merkst, dass deine Gedanken abschweifen, notierst du darauf, was dir gerade so durch den Kopf geht. Das muss nicht ordentlich sein und auch keine großartige Struktur haben. Wichtig ist einfach nur, dass du diese Gedanken nicht versuchst zu verdrängen, sondern sie stattdessen niederschreibst.

Verdrängen funktioniert in der Regel nämlich nicht. Zumindest dann nicht, wenn wir uns weiterhin voll konzentrieren wollen. Grund dafür ist der sogenannte **Zeigarnik-Effekt**, der besagt, dass wir uns an unerledigte Aufgaben besser erinnern als an erledigte. Die russische Psychologin Bljuma Zeigarnik beobachtete bereits in den 20er-Jahren des letzten Jahrhunderts, dass sich Kellner in einem Café besser an Bestellungen erinnern konnten, die sie noch nicht abgearbeitet hatten, als an Bestellungen, die bereits abgeschlossen waren.[36] Sie führte dies darauf zurück, dass unterbrochene Aufgaben eine gewisse Spannung erzeugen, die das Gedächtnis aktiviert. Genau das passiert, wenn wir beim Lernen plötzlich abschweifen und daran denken, was wir später noch einkaufen müssen, oder wen wir noch anrufen wollen. Die Aufgaben bleiben unerledigt, unser Gedächtnis versucht sie »festzuhalten« und dadurch können wir uns schlechter auf die eigentliche Aufgabe fokussieren. Ein einfaches Blatt Papier, um sie genau dort »zwischenzulagern«, kann Wunder wirken.

Meditation

Eine weitere Methode, die besonders langfristig gesehen deinen Fokus effektiv trainieren kann, ist die **Meditation**. Bevor du diesen Teil überspringst, weil du dir dabei eine total öde Aktivität vorstellst – lass mich ausreden.

Was beim Meditieren geübt wird, ist exakt das, was uns bei reduzierter Konzentration fehlt. Die Fähigkeit, unsere Aufmerksamkeit auf einen speziellen Punkt zu fixieren. Nicht mehr und nicht weniger.

Kleines Meditations-Manual:

- Finde einen ruhigen Ort, an dem du nicht Gefahr läufst, unterbrochen zu werden.
- Setze dich aufrecht hin.
- Wenn du magst, kannst du die Augen schließen. Vielen hilft das, um sich besser auf die Meditation konzentrieren zu können.

---

36 https://lexikon.stangl.eu/5254/zeigarnik-effekt

- Nutze einen Timer und stelle dir ein Zeitfenster ein, in dem du meditieren möchtest. Ein guter Anfang sind 10–20 Minuten. Setze es gerade am Anfang nicht zu lang an – Meditation ist die ersten Male ziemlich ungewöhnlich und kann schnell zu Frustration führen, wenn es nicht so klappt, wie man es gerne hätte.
- Fokussiere dich dann auf deine Atmung. Atme tief in den Bauch hinein. Nimm dabei bewusst deinen Körper wahr.
- Und dann am wichtigsten: Sobald deine Gedanken abweichen, und deine Aufmerksamkeit auf etwas anderes als deine Atmung gelenkt wird, bringe deinen Fokus *bewusst* zurück. Verurteile dich nicht für das Abschweifen deiner Gedanken – das ist komplett normal. Übe einfach nur, deinen Fokus zurück auf deine Atmung zu lenken.

Genau damit trainierst du deine Konzentrationsfähigkeit, die du dann bei allen anderen Aufgaben außerhalb der Meditation genauso einsetzen kannst. Sara Lazar, Neurowissenschaftlerin an der Harvard Medical School, hat diesen Effekt aus erster Hand untersucht und festgestellt, dass Langzeitmeditierende eine geringere Hirnaktivität in ihrem **posterioren cingulären Kortex (PCC)** aufweisen – dem Teil des Gehirns, der für das Abschweifen der Gedanken verantwortlich ist.[37]

Lazar zufolge kann eine bessere Kontrolle über den PCC dazu beitragen, dass du deine Gedanken beim Abschweifen er-

---

37 *Hölzel, B. K., Carmody, J., Vangel, M., Congleton, C., Yerramsetti, S. M., Gard, T., Lazar, S. W. (2011). Mindfulness practice leads to increases in regional brain gray matter density. Psychiatry research, 191(1), 36*–43. DOI:10.1016/j.pscychresns.2010.08.006

wischst und sie sanft zu deiner eigentlichen Aufgabe zurückbringen kannst. Meditation hilft dir, die Kontrolle über deine Aufmerksamkeit – und damit auch über dein Gehirn – wiederzuerlangen und zu verhindern, dass sich dein Fokus verflüchtigt, wenn du es nicht willst.

Und eine letzte Sache, die ich gern ansprechen möchte: Nimm dir auch mal Zeit, dich selbst zu reflektieren. Nimm dir Zeit, um wirklich einmal innezuhalten. Das tun wir im Alltag nämlich viel zu selten. Wir hetzen von Aufgabe zu Aufgabe, von Termin zu Termin. Selbst wenn wir gerade nichts für die Schule oder Uni zu tun haben, packen wir uns unsere Freizeit voll mit Hobbys und Treffen mit Freunden.

Grundsätzlich ist es nichts Schlechtes, beschäftigt sein zu wollen. Ich habe aber selbst gemerkt, dass wir damit manchmal versuchen, Ruhemomente zu vermeiden. In diesen könnten nämlich Gedanken aufkommen, mit denen wir vielleicht gerade nicht umgehen wollen oder können. Das Problem ist nur, dass diese Gedanken und Gefühle irgendwann hochkommen *werden*. Und das passiert in der Regel in recht ruhigen Situationen wie zum Beispiel beim konzentrierten Lernen. Eine Matheaufgabe tut recht wenig, um mich vom Konflikt, den ich mit meinem Freund habe, abzulenken. Wenn also Lern- oder Arbeitszeiten unsere einzig wirklich ruhigen Phasen sind, ist es kein Wunder, dass unsere Gedanken dabei ständig abschweifen. *Wir geben ihnen ja sonst keinen Raum…*

Schaff dir zwischendurch einfach einmal wirklich freie Zeit, um auch über unangenehme Ereignisse und Gefühle nachzudenken und zu reflektieren. Oder noch besser, schreibe sie auf und sie dir damit von der Seele – wie eine Art Tagebucheintrag. Natürlich kann es auch helfen, dich mit einer Vertrauensperson auszutauschen.

Welchen Zugang du auch wählst – wichtig ist, dass du dich von Zeit zu Zeit mit dir selbst beschäftigst und nicht vor deinen eigenen Gedanken davonläufst – sie werden dich sonst über kurz oder lang einholen, wie wir festgestellt haben.

Konzentrationskiller Multitasking

Als letztes möchte ich noch auf einen Punkt eingehen, der unsere Konzentration und langfristig unsere Produktivität insgesamt schachmatt setzen kann: Die Rede ist von **Multitasking**. Umgangssprachlich auch die Illusion, mehrere Aufgaben gleichzeitig erledigen zu können.

Die Illusion liegt darin, dass wir in Wirklichkeit eben gerade *nicht* in der Lage sind, zwei oder mehr Aufgaben gleichzeitig umzusetzen. Denn das menschliche Gehirn kann nur eine sehr begrenzte Anzahl von Aufgaben zugleich bearbeiten. Beim Multitasking wechseln wir in Wahrheit also nur sehr schnell zwischen einzelnen Tasks hin und her – worin wir nicht so gut sind, wie wir denken.

Dieses ständige Hin- und Herwechseln belastet unser Gehirn. Es ermüdet es und macht es weniger effizient. Dies wirkt sich insbesondere auf unsere Fähigkeit aus, unsere Aufmerksamkeit im Allgemeinen zu fokussieren, auch wenn wir gerade einmal kein Multitasking betreiben.

Multitasking macht uns ablenkbarer und anfälliger für Fehler. Laut einer Studie eines Neurowissenschaftlers der Stanford University kann der schnelle Wechsel zwischen verschiedenen Aufgaben zu einem Produktivitätsverlust von 40 Prozent führen.[38]

Beim Multitasking muss unser präfrontaler Kortex mehr arbeiten. Der präfrontale Kortex ist für die exekutive Kontrolle zuständig, die es uns ermöglicht, uns auf relevante Informationen zu konzentrieren und irrelevante Reize zu ignorieren. Wenn wir mehr Gehirnleistung für eine Aufgabe aufwenden müssen, bedeutet das, dass unser Gehirn weniger effizient arbeitet.

Wirklich multitaskingfähig sind wir nur, wenn eine der Aufgaben vollständig automatisiert ist, wie auf dem Laufband laufen und gleichzeitig ein Buch zu lesen. Genauso ist es in Ordnung, aufzuräumen, während du eine Serie schaust. Aber du solltest nicht versuchen, zwei Aufgaben, die deine ganze Aufmerksamkeit erfordern, gleichzeitig zu erledigen, z. B. E-Mails zu lesen, während du an einem Zoom-Meeting teilnimmst.

Um es also noch einmal auf den Punkt zu bringen: Multitasking reduziert unsere Konzentration *massiv*. Wenn wir also langfristig konzentriert bleiben wollen, sollten wir lernen, uns stets auf *eine* Aufgabe zu konzentrieren – auch wenn wir denken, wir würden anderweitig schneller vorankommen.

So weit, so gut. Du weißt also jetzt, wie du Ablenkungen besser begegnen kannst. Das ist ein großer Schritt, um die eigene Konzentration zu steigern. Es gibt aber noch mehr, das du tun kannst.

---

38 www.apa.org/topics/research/multitasking

Wie du tickst, bestimmt, wie du dich am besten konzentrieren kannst

Wir Menschen sind eben keine Maschinen, noch funktionieren wir alle gleich. Das gilt auch für das Thema Konzentration. Umso wichtiger also deinen ganz persönlichen Rhythmus näher kennenzulernen, der dich taktet. Und zu erfahren, wie du ihn gut für dich nutzen kannst.

Chronotypen

Im ersten Kapitel habe ich an einer Stelle gesagt, dass wir Menschen uns selten in Typen oder Kategorien einteilen lassen. Mit *selten* meinte ich, dass es durchaus Bereiche gibt, in denen das der Wissenschaft ganz gut gelungen ist. Und über einen dieser Bereiche werden wir nun sprechen, nämlich den der **Chronobiologie** bzw. der **Chronotypen**.

Das klingt vielleicht erst mal kompliziert, nach ein paar Seiten wird das ganze Thema für dich aber total Sinn ergeben – versprochen! Wir Menschen haben in uns so etwas wie eine innere Uhr, auch **zirkadianer Rhythmus** genannt. Diese Uhr gibt an, zu welchen Tageszeiten wir müde und zu welchen wir wach, wann wir hungrig und wann wir durstig werden. Auch wann wir einen Energieschub bekommen, und wann nicht.[39]

Diese Uhr funktioniert aber nicht für jeden Menschen gleich. Es gibt Menschen, die morgens voller Energie sind, während

---

39 www.sleepfoundation.org/circadian-rhythm

Chronotypen

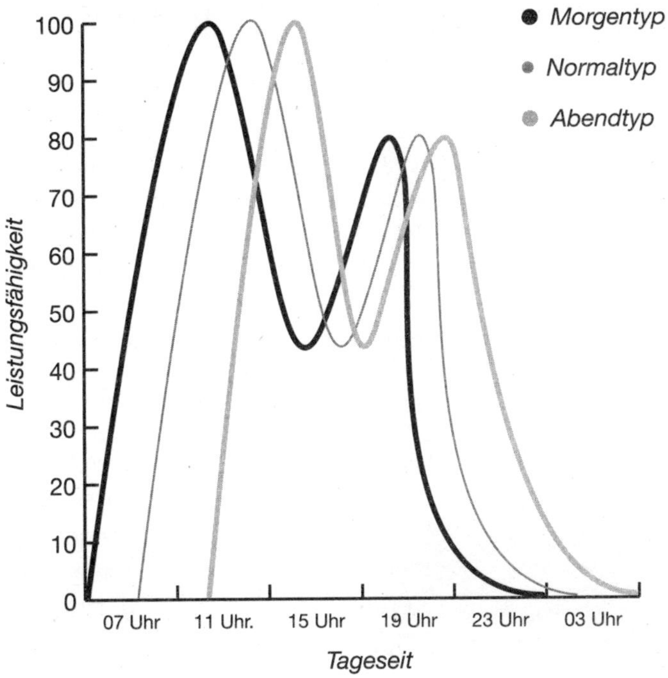

andere erst nachmittags oder abends so richtig in den Gang kommen. Genau anhand dieser Unterschiede lassen sich grob vier verschiedene Kategorien (Typen) ausmachen: Löwe, Delfin, Wolf und Bär. Bevor ich gleich darauf eingehe, wie diese einzelnen Typen charakterisiert sind, möchte ich noch anmerken, dass wir uns auch hier in Spektrumsbereichen bewegen, sprich eine hundertprozentige Zuordnung gibt es nicht.

Auch wenn du nach dem Lesen wahrscheinlich ein gutes Gespür dafür hast, zu welchem Typen du passen könntest, wirst du diesem nie vollständig entsprechen, sondern immer auch Elemente der anderen Typen in dir haben. Der Mensch ist eben nicht schwarz oder weiß – das hatten wir ja schon mal ... Nun aber zu den einzelnen Typen und dazu, was sie bedeuten.[40]

Der Bär

Bären-Chronotypen sind Menschen, die sich morgens am besten fühlen und zu dieser Zeit gern produktiv sind. Sie haben in der Regel keine Probleme damit, früh aus dem Bett zu kommen, was auch daran liegt, dass sie in der Regel einen guten Schlaf haben. Davon brauchen sie im Schnitt etwa acht Stunden zwischen 23.00 Uhr und 7.00 Uhr.

Der ideale Tagesablauf für den Chronotyp »Bär« sieht folgendermaßen aus:

- Morgens: Aufwachen zwischen 7.00 und 8.00 Uhr, Konzentration auf wichtige Aufgaben
- Nachmittags: Kurzes Nickerchen nach dem Mittagessen, Bearbeitung leichterer Aufgaben

40 *www.schlaf.de/wie-man-seinen-chronotyp-findet-um-die-produktivitaet-zu-steigern/*

- Abends: Entspannen und Abschalten, Vorbereitung auf das Bett
- Nachts: Schlafen zwischen 23.00 und 7.00 Uhr

55 Prozent der Bevölkerung sind »Bären«. Wenn sie nachts nicht genug Schlaf bekommen, fühlen sie sich tagsüber lethargisch und gehen früher ins Bett als sonst.

Der Wolf

Wölfe sind Chronotypen, die nachts am produktivsten sind. Sie brauchen morgens mehr Zeit zum Aufwachen, um später zwei kreative Hochphasen zu durchleben: eine um die Mittagszeit und eine gegen 18 Uhr. Sprich, sie kommen auch nach Sonnenuntergang noch einmal richtig in Schwung und haben daher möglicherweise Schwierigkeiten, morgens aufzustehen, da sie in der Regel spät ins Bett gehen, um vorher ihrer Kreativität freien Lauf zu lassen.

Der ideale Tagesablauf für den Chronotyp »Wolf« sieht folgendermaßen aus:

- Morgens: Spät aufstehen und leichte Aufgaben erledigen
- Mittags: Konzentrationsintensive oder kreative Arbeit erledigen
- Nachmittags: Entspannen und abschalten
- Abends: Kreative Aufgaben erledigen und sich auf das Bett vorbereiten
- Nachts: Ausreichend Schlafen

Nur etwa 15 Prozent der Bevölkerung zählen zu den Wölfen.

Der Löwe

Löwen sind morgens am produktivsten. Sie haben ein hohes Energielevel vor dem Mittagessen und können in dieser Zeit viel erledigen. Diese Chronotypen sind Frühaufsteher und haben in der Regel keine Probleme damit, früh aus dem Bett zu kommen. Sie sind bis zum Mittagessen voller Energie, aber dann fällt ihr

Energielevel ab. Sie brauchen oft ein Nickerchen am Nachmittag und gehen früh ins Bett, um genug Schlaf zu bekommen.

Der ideale Tagesablauf für den Chronotyp »Löwe« sieht folgendermaßen aus:

- Morgens: Aufwachen zwischen 6.00 und 7.00 Uhr, Konzentration auf intensive Aufgaben
- Mittags: Kurzes Nickerchen
- Nachmittags: Konzentration auf leichte Aufgaben
- Abends: Entspannen und Abschalten, Vorbereitung auf das Bett
- Nachts: Schlafen zwischen 22:00 und 6:00 Uhr

15 Prozent der Bevölkerung zählen zu diesem Chronotyp.

Der Delfin

Delfine haben oft Probleme durchzuschlafen, sind daher Spätaufsteher und brauchen morgens etwas Zeit, um in Schwung zu kommen. Dann aber sind sie vormittags am produktivsten und voller Energie. Am Nachmittag dagegen fallen sie in ein Leistungstief.

Der ideale Tagesablauf für den Chronotyp »Delfin« sieht folgendermaßen aus:

- Morgens: Aufwachen zwischen 6.30 und 7.30 Uhr, Konzentration auf einfache Aufgaben
- Vormittags: Konzentration auf anspruchsvolle Aufgaben
- Nachmittags: Konzentration auf weniger anspruchsvolle Aufgaben
- Abends: Entspannen und abschalten, Vorbereitung auf das Bett
- Nachts: Schlafen zwischen 24:00 und 6:30 Uhr

Nur 10 Prozent der Bevölkerung zählen zu den Delfinen.

Nachdem du dir die Merkmale und Eigenschaften der einzelnen Chronotypen angesehen hast, hast du jetzt vielleicht mehr Fragen als Antworten – und das ist auch in Ordnung! Es ist normal, dass du dich mit Merkmalen von mehr als einem Chronotyp identifizieren kannst, statt dich einem einzigen allein zuzuordnen. Wie schon gesagt, Chronotypen bilden Spektren ab, wobei manche Menschen zwischen zwei (oder mehr) Typen liegen.

Anhand zahlreicher Tests, die auch im Internet verfügbar sind, kannst du übrigens konkreter herausfinden, welchem Typ du am nächsten bist. Warum erzähle ich dir das alles? Warum kann es sich lohnen, dich mit deinem eigenen Chronotyp auseinanderzusetzen?

Klar, die Antwort liegt auf der Hand: Weil wir am produktivsten und konzentriertesten in den Phasen arbeiten können, in denen wir dazu auch in der Lage sind. Ein Wolf wird seine höchste

Konzentration eher nachts aufbringen können, während er tagsüber Schwierigkeiten haben wird, sich zu konzentrieren. Anders geht es dem Löwen: Er wird kein Problem damit haben, mit vollem Fokus am Morgen zu arbeiten, während ihm abends schon früh die Augen zufallen.

Zu wissen, wann man selbst am leistungsstärksten ist, kann helfen, die wichtigsten und anspruchsvollsten Aufgaben in genau die richtigen Zeitfenster zu legen. Hierbei sei aber noch anzumerken, dass wir in einer Welt leben, in der Morgenmenschen eindeutig im Vorteil sind:

Die Schule beginnt um 8.00 Uhr. Die Uni ebenso oder eine Stunde später. Feierabend wird pünktlich um 18.00 Uhr gemacht. Nachtmenschen haben es in diesen festen Zeitstrukturen einigermaßen schwer.

Demnach sind alternative Modelle wie Gleitzeit, bei der Arbeitnehmer:innen sich selbst aussuchen können, in welchen Zeiträumen sie arbeiten, ein guter Schritt in die richtige Richtung. Bis diese Flexibilität im Bildungskontext angekommen ist, wird es jedoch wohl noch etwas dauern. Deswegen ist es gut, wenn wir selbst anfangen, die freie Zeit, die wir neben Uni und Schule haben, für uns sinnig zu strukturieren.

Nehmen wir beispielsweise die Wochenenden: An diesen haben wir in der Regel keinen Unterricht und auch keine Vorlesungen. Hier sollten wir aktiv versuchen, das eigenständige Lernen in unsere aktivsten Zeiten zu legen. Ähnliches gilt für sonstige freie Tage und Ferien. Studierende, die gerade für die Prüfungen lernen und dabei keine Veranstaltungen mehr haben, betrifft das besonders.

Versuche also, wann immer du kannst, im Einklang mit deinem Rhythmus zu leben. Es wird tiefgreifende – positive! – Auswirkungen auf deine Konzentrationsfähigkeit haben.

Flow

Kennst du den Ausdruck »im Flow sein«?

Wenn man im **Flow** ist, hat man das Gefühl, dass man das, was man gerade tut, ewig weitermachen könnte. Flow ist nicht auf eine bestimmte Tätigkeit beschränkt. Er kann sich beim Lesen, Schreiben, Malen, Laufen oder jeder anderen Aktivität entwickeln. Überspitzt gesagt ist er unser Idealzustand, wenn es um das Thema Konzentration geht. Wir sind so vertieft in unsere Aufgabe, dass wir Ablenkungen gar nicht mehr bekämpfen müssen, sondern gar nicht erst *wahrnehmen*. Tatsächlich ist Flow aber nicht nur ein umgangssprachlicher Begriff, sondern entspringt den wissenschaftlichen Überlegungen und Forschungen eines Psychologen namens Mihály Csíkszentmihályi. Nein, am besten versuchen wir gar nicht erst den Namen auszusprechen…

Was er aber zum Thema Flow zu sagen hat, ist ziemlich interessant: Der psychologische Flow beschreibt den positiven mentalen Zustand, in dem man zu einem bestimmten Zeitpunkt völlig in sein Tun vertieft, fokussiert und involviert ist und Freude an dieser Tätigkeit empfindet. Ein Proband der »Flow-Forschung« beschrieb es so:[41]

---

41 Csikszentmihalyi, M. (2014). Flow and the Foundations of Positive Psychology: The Collected Works of Mihaly Csikszentmihalyi. Springer.

> *»Mein Geist wandert nicht. Ich denke nicht an etwas anderes. Ich bin völlig in das, was ich tue, vertieft. Mein Körper fühlt sich gut an. Ich scheine nichts zu hören. Die Welt scheint von mir abgeschnitten zu sein. Ich bin mir meiner selbst und meiner Probleme weniger bewusst.«*

Mihaly Csíkszentmihályi hat selbst noch eine weitere Definition abgegeben:

> *»... sich völlig auf eine Tätigkeit, um ihrer selbst willen einzulassen. Das Ego fällt weg. Die Zeit vergeht wie im Flug. Jede Handlung, jede Bewegung und jeder Gedanke folgt unweigerlich auf die vorhergehende, wie beim Jazzspielen. Dein ganzes Wesen ist involviert, und du setzt deine Fähigkeiten bis zum Äußersten ein.«*[42]

Ich hoffe, du hast damit einen ganz guten Eindruck bekommen, was Flow sein kann. Wie aber erreichen wir diesen Zustand überhaupt? Und wie insbesondere beim Lernen?

Der Theorie nach entsteht Flow immer dann, wenn ein Gleichgewicht zwischen den Fähigkeiten des Einzelnen und dem Schwierigkeitsgrad der Aufgabe besteht. Ist eine Aufgabe also zu leicht, reagiert man schnell gelangweilt und unengagiert, ist sie zu schwierig, möglicherweise ängstlich und gestresst.

Zum Thema Frustration und Mutlosigkeit bei zu schweren Tasks fallen mir zahlreiche Matheaufgaben aus meiner Schulzeit ein, an denen ich erstmal verzweifelt bin. Diese Gefühle haben mich

---

42 Csíkszentmihályi in einem Interview mit Wired magazine (1996)

so blockiert, dass ich mich gar nicht tiefgehend mit der Rechnung an sich beschäftigen konnte. Einen Zustand echter Konzentration habe ich also nicht erreicht. Erst als ich angefangen habe, die Aufgaben in kleine Sequenzen zu unterteilen und bei jedem Knackpunkt an die notwendigen Wissensbasics zurückgegangen bin, hat sich auch mein Fokus verbessert und ich konnte länger dranbleiben.

Umgekehrt ist es genauso problematisch, wenn wir etwas *zu leicht* finden. Dann langweilen wir uns und haben das Gefühl unsere Zeit zu verschwenden. Mir ging das in Schulzeiten beispielsweise mit dem Vokabellernen so. Ich hatte eine recht hohe Auffassungsgabe, was Fremdsprachen anging, also habe ich öfter im Unterricht abgeschaltet, weil mir die einzelnen Lernschritte zu langsam vorkamen. Dadurch war ich aber ebenso wenig konzentriert wie bei den Matheaufgaben.

Um mir die Aufgabe etwas zu erschweren, habe ich mir manchmal persönliche Challenges gesetzt, die mir das Ganze spielerisch erschwert haben, zum Beispiel alle Vokabeln unter einer bestimmten Zeitvorgabe zu lernen, was tatsächlich dafür gesorgt hat, dass ich fokussierter war. Schließlich musste ich mich nun wirklich *anstrengen*.

Wichtig ist also, dass wir immer versuchen, ein Gleichgewicht zwischen unserem Können und unseren Aufgaben herzustellen. Es gibt aber noch weitere Faktoren, die dafür sorgen, dass wir beim Lernen und anderen Aktivitäten einen Flow-Zustand erreichen:

Egal was es ist, Aufgaben brauchen klare Ziele. Nur klare Ziele können Flow-Wirkung entfalten, da sie dir zeigen, wo und wann du deine Aufmerksamkeit einsetzen solltest. Folglich schweifen auch deine Gedanken nicht ab, weil du exakt weißt, was zu tun ist. Dies verringert mögliche Ablenkung, unnötige Informationen werden dabei herausgefiltert. Wenn du dir klare Ziele setzt, erhöht sich deine Konzentration, deine Motivation nimmt zu, Handlung und Bewusstsein verschmelzen, und du wirst in einen konzentrativen Sog gezogen, in dem du am besten denkst und arbeitest. Zum Thema *Ziele setzen* gibt es jetzt noch ein kleines Coaching:

Fokussiert mit der SMART-Methode:

- **S**pecific – Sei dir darüber im Klaren, was *genau* dein Ziel ist und was genau getan werden muss, um dieses Ziel zu erreichen.
  Überlege dir, was, wann und wo erledigt wird. Anstatt dir also einfach nur vorzunehmen »zu lernen«, nimm dir lieber vor, »lineare Funktionen« im Fach Mathematik zu lernen.
- **M**easurable – Stell sicher, dass du eine Möglichkeit hast zu überprüfen, ob du dein Ziel erreicht hast, wenn du glaubst fertig zu sein.
  Anstatt also einfach drauflos zu lernen, schreibe dir eine kleine To-do-Liste, auf der du genau notierst, welche Aufgaben aus dem Bereich der linearen Funktionen du rechnen möchtest.
- **A**ttainable – Setze dir nur Ziele, die du auch erreichen *kannst*.
  Anstatt dir also einzureden, dass du 100 Seiten Lernstoff an einem Tag wiederholen kannst, setze für den Anfang erstmal auf 10 Seiten.

- Relevant – Schreibe auf, wie dir das Ziel helfen wird, deine allgemeinen Ziele als Schüler:in oder Student:in zu erreichen.
  Inwiefern bringt dich Mathe-Lernen weiter?
  Kommst du dadurch einem bestimmten Notendurchschnitt näher, der dir wiederum dein Wunsch-Studium ermöglicht?
- Timebound – Du musst einen Zeitpunkt festlegen, bis zu dem du dein Ziel erreicht haben willst, um dich selbst zur Verantwortung ziehen zu können.
  Anstatt einfach nur für die Matheklausur zu lernen, notiere dir, an welchem Datum du den gesamten Stoff wiederholt haben möchtest, damit du noch Puffer hast.

Natürlich musst du das nicht genauso kleinschrittig für jede Aufgabe notieren. Es ist aber wichtig, zumindest im Kopf ein klares Ziel für deine Lernsession entstehen zu lassen. Dadurch bist du automatisch fokussierter, weil du weißt, worauf es gerade ankommt.

Ein weiterer Punkt, der für das Erreichen eines Flow-Zustands noch wichtig ist, ist Motivation. In einem späteren Kapitel werden wir noch genauer auf das ganze Thema eingehen, da Motivation eben auch ein großer Bestandteil unseres Lernens insgesamt ist. Wir können uns aber schon mal merken, dass wir am konzentriertesten arbeiten und am ehesten in den Flow kommen, wenn wir selbst Lust auf die jeweilige Aufgabe haben. Das hast du bestimmt selbst schon gemerkt: Wenn du etwas tust, das dir Spaß macht (zum Beispiel Malen), könntest du dich stundenlang damit beschäftigen und die Zeit vergeht wie im Flug. Hast du dagegen etwas zu erledigen, auf das du keine Lust hast, zieht sich die Zeit wie Kaugummi. Das Ziel sollte also sein, unsere Aufgaben möglichst angenehm zu gestalten. Vielleicht machst du dir beim Lesen eine schöne Musik-Playlist an, die dir gefällt, oder du bereitest dir einen leckeren Tee und ein paar Snacks zu.

Lernen bis der Kopf raucht? Nein danke – jetzt erst mal eine Pause!

Ein wichtiger Aspekt, um Konzentration lange halten zu können, ist nicht in extensiven Zeitblöcken zu lernen, sondern regelmäßig Pausen einzulegen. Viele Untersuchungen haben ergeben, dass das Arbeiten in kleinen Abschnitten, zwischen denen man kurz pausiert, Konzentration fördern kann, da unsere Aufmerksamkeit nach einer gewissen Zeitspanne nachlässt. Wie lange diese Zeitspanne dauert, hängt von dir ganz individuell ab. Einige Studien, die Job- und Schulperformances näher untersucht haben, gehen hier von 10 bis 52 Minuten[43] aus.

Wo genau du dich auf dieser Skala bewegst, kannst du testen, indem du beim nächsten Mal einfach die Zeit stoppst, sobald du beginnst zu lernen. Versuche dich dann voll und ganz auf die Aufgabe zu konzentrieren. Wenn du merkst, dass deine Konzentration nachlässt, und du deine Aufmerksamkeit auch nur schwer zurück auf die Aufgabe lenken kannst, stoppe den Timer und schaue, wie viele Minuten du fokussiert warst.

Beim nächsten Durchgang kannst du das Ganze wiederholen und am Ende des Tages einen Mittelwert bilden. Damit das Ergebnis nicht nur eine Erkenntnis bleibt, sondern auch einen praktischen Nutzen für dich hat, wende nun eine leicht angepasste Variante der sogenannten **Pomodoro-Technik** an:

Die Pomodoro-Technik (benannt nach einer Küchenuhr in Tomatenform) wurde Ende der 1980er-Jahre vom damaligen

---

43 www.health.harvard.edu/mind-and-mood/focus-on-concentration

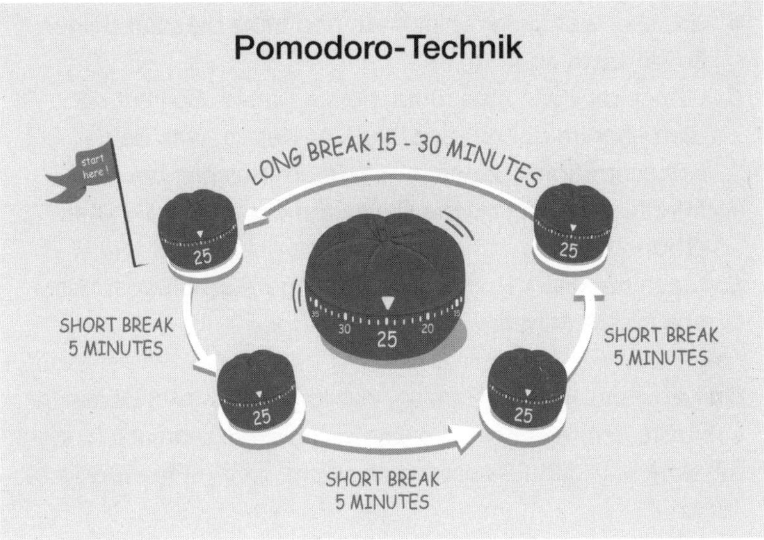

Studenten Francesco Cirillo entwickelt. Cirillo hatte Schwierigkeiten, sich auf sein Studium zu konzentrieren und seine Uni-Aufgaben zu erledigen. Er fühlte sich überfordert und nahm sich deshalb vor, nur 25 Minuten am Stück für konzentriertes Lernen aufzuwenden. Als Timer nutzte er die oben genannte Küchenuhr – und die Pomodoro-Technik war geboren.

So kannst du die Pomodoro-Taktik für dich nutzen:

1. Splitte deine Aufgaben in kleinere To-dos und besorge dir einen Timer.
2. Stelle deinen Timer. Im Original sind es 25 Minuten, die du nun lernen solltest. Ich empfehle aber eher die Zeit zu nehmen, die du selbst ermittelt hast.
3. Konzentriere dich auf eine Teilaufgabe, bis der Timer klingelt.

4. Erfasse, was du erledigt hast, und hake dies auf deiner To-do-Liste ab.
5. Gönne dir dann eine fünfminütige Pause. Solltest du dich eher im oberen Spektrum bewegen, was deine Konzentrationsspanne betrifft, (zum Beispiel bei ca. 50 Minuten), kannst du die Pause auf etwa zehn Minuten erhöhen.
6. Mach nach vier Pomodori eine längere Erholungspause von ca. 30 Minuten.

Eine Abwandlung des Ganzen, insbesondere, wenn die eigene ermittelte Zeit, in der man konzentriert bleiben kann, nach oben hin stark von den 25 Minuten abweicht, ist die **Flowmodoro-Technik**.

Hierbei stellst du dir keinen Timer, sondern – wie im Sondierungstestest vorab – eine Stoppuhr.

Du suchst dir dann ebenfalls eine Aufgabe aus, auf die du dich vollkommen konzentrierst und fängst an zu arbeiten. Wenn deine Gedanken abschweifen, drückst du auf »Stopp« und teilst die Zeit, die abgebildet wird, durch 5. Angenommen du hast also 25 Minuten gelernt, dann machst du 5 Minuten Pause. Hast du 30 Minuten gelernt, machst du 6 Minuten Pause. Bei 40 Minuten machst du 8 Minuten Pause.

Der Unterschied zwischen den zwei Methoden liegt auf der Hand: Bei der Pomodoro-Technik weißt du klar, wann du fertig sein wirst – deine Motivation wird also vermutlich höher sein, die Spanne auch »abzuarbeiten«. Bei der Flowmodoro-Technik hingegen wirst du nicht mitten im Flow (falls du diesen Zustand erreichst) herausgerissen und gezwungen eine Pause zu ma-

Flowmodoro-Technik

chen, wenn du sie speziell an diesem Tag vielleicht erst zu einem späteren Zeitpunkt brauchst.

Beide Methoden haben also ihre Vor- und Nachteile. Was du lieber magst, ist eine Frage der persönlichen Präferenz und Disposition.

Wichtig ist nur, dass das Verhältnis zwischen Arbeitszeit und Pausenzeit immer gleichwertig bleibt. Nach stundenlangem Lernen *brauchen* wir eine Pause. Daran geht kein Weg vorbei.

Die Qualität der Pause macht's!

Die regelmäßigsten Pausen helfen nichts, wenn sie nicht zu deiner Erholung beitragen.

Nicht zielführend ist es beispielsweise, direkt nach dem Handy zu greifen und durch sämtliche Social-Media-Kanäle zu scrollen.

Eine Studie der Forscher Kang und Kurtzberg aus dem Jahr 2019[44] hat ergeben, dass die eigene Leistung nach der Pause sogar abnimmt, wenn man sie nur zum Doom-Scrolling genutzt hat. Bei dieser empirischen Untersuchung mussten Studierende eine kognitiv anspruchsvolle Aufgabe (Lösen von Anagrammen) erledigen. Unter drei von vier zufällig zugewiesenen Bedingungen bearbeiteten die Teilnehmenden eine Pausenaufgabe (Auswahl von Elementen für eine hypothetische Einkaufsliste) entweder auf einem Mobiltelefon, einem größeren Computerbildschirm oder auf Papier. Dann fuhren sie mit der Lösung ihrer Ursprungsaufgabe fort. Im vierten Fall arbeiteten die Teilnehmenden ganz ohne Pause.

Die Ergebnisse zeigten, dass die Handynutzung das Gehirn in der Pause weniger effektiv aufladen konnte als die anderen Methoden. Teilnehmende, die mitten in einer Aufgabe eine Handy-Pause einlegten, brauchten 19 Prozent länger, um die gestellte Aufgabe zu lösen, und lösten 22 Prozent weniger Probleme als andere Teilnehmende.

Auf Grundlage dieser Schlussfolgerungen argumentierten die Autoren der Studie, dass sogar »der Blick auf das eigene Mobiltelefon ein psychologisches Bedürfnis hervorruft, sich mit anderen Interaktionsangeboten zu beschäftigen«. Da Handys so viele Kommunikationsformen auf ein und demselben Gerät er-

---

44 Kang, S., Kurtzberg, T. R. (2019). Reach for your cell phone at your own risk: The cognitive costs of media choice for breaks. Journal of Behavioral Addictions, 8(3), 395–403. DOI:10.1556/2006.8.2019.21

möglichen, »scheinen die Menschen ständig mit einem halben Kopf am Telefon zu sein«, so die Studie weiter. Diese Spaltung der Achtsamkeit wird »logischerweise noch verschlimmert, wenn man während einer Pause kurz mittels Handy interagieren kann«. Erholsam ist das aber nicht. Und der Sinn einer Pause somit verfehlt.[45]

Kurzum: Es ist nicht nur besser, das Handy für die gesamte Dauer des Lernens in einem anderen Raum zu lassen, sondern auch in den Pausenzeiten.

Such dir also eine Pausenaktivität, die dich wirklich *abschalten* lässt. Mir helfen zum Beispiel kurze Spaziergänge enorm. Klingt öde, tut aber extrem gut.

Hat man Zeit für eine längere Pause, kann man ruhig auch einen Schritt weiter gehen und etwas Sport in seiner Pause betreiben. Bewegung hält uns nicht nur körperlich fit.

Sport kann auch unsere Stimmung heben und unseren Geist entspannen. Das liegt daran, dass Sport Cortisol und Adrenalin abbaut, Hormone, die bekanntermaßen Stress verursachen. Außerdem werden Endorphine ausgeschüttet, die uns ein euphorisches Gefühl und gute Laune vermitteln.

Ich gehe beispielsweise häufig in meinen Mittagspausen ins Fitness-Studio und merke richtig, dass ich danach wieder mehr Kraft und Energie für meine Aufgaben habe. Du kannst aber genauso Rad fahren, joggen gehen oder Tennis spielen. Völlig egal. Hauptsache, du bewegst dich überhaupt.

---

45 www.dataquest.io/blog/phone-proximity-effect

Es kann auch guttun, kreativ zu werden – egal in welcher Form. Doodeling ist zum Beispiel in letzter Zeit superbeliebt geworden. Dabei zeichnet man völlig ungebunden Symbole, Muster oder Figuren. Das muss nicht schön sein, sondern einfach nur die Gedanken vom Lernen wegbringen.

Und natürlich lässt sich auch eine Meditation super in einer 15-minütigen Pause unterbringen.

Egal, was es ist, das dich entspannen lässt – mache es! Und lass das Handy dabei außen vor.

Schlaf – eine besonders wichtige Form der Pause

Schlaf und Konzentration hängen eng miteinander zusammen. Schlaf ist wichtig für die allgemeine Gesundheit und das Wohlbefinden, und er ist auch wichtig für unser Gehirn, einschließlich unserer Konzentrationsfähigkeit. Während des Schlafs verarbeitet das Gehirn nämlich die Informationen des Tages und festigt neue Erinnerungen (das nennt man Konsolidierung). Er stärkt außerdem die Verbindungen zwischen den Nervenzellen, was die Fähigkeit des Gehirns verbessert, Informationen zu verarbeiten und zu speichern. Schlafmangel kann zu einer Reihe von kognitiven Beeinträchtigungen führen, einschließlich:

- verringerte Aufmerksamkeitsspanne
- erhöhte Ablenkbarkeit
- verlangsamte Reaktionszeiten
- Schwierigkeiten beim Lernen
- Zunahme von Fehlern bei Konzentrationsaufgaben

Eine chronische Einschränkung der Schlafdauer auf vier oder sechs Stunden pro Nacht an 14 aufeinanderfolgenden Tagen führte zu signifikanten Defiziten in der Leistung von kognitiv anspruchsvollen Aufgaben, wie eine Studie der University of Pennsylvania zeigte.[46]

---

46 Van Dongen, H. P., Maislin, G., Mullington, J. M., Dinges, D. F. (2003). The cumulative cost of additional wakefulness: dose-response effects on neurobehavioral functions and sleep physiology from chronic sleep restriction and total sleep deprivation. Sleep, 26(2), 117–126. DOI:10.1093/sleep/26.2.117

In einer anderen Studie aus dem Jahr 2003 fanden Forscher heraus, dass Kinder, die über mehrere Tage mindestens eine Stunde weniger schliefen als gewöhnlich, eine signifikant erhöhte Reaktionszeit hatten.[47]

Schlafmangel kann auch zu einer Zunahme von Stress- und Angstempfinden führen. Stress und Angst können wiederum die Konzentrationsfähigkeit negativ beeinträchtigen.

Die Schlussfolgerung liegt auf der Hand: Um deine Konzentrationsfähigkeit zu verbessern, ist es wichtig, dass du ausreichend Schlaf bekommst. Die empfohlene Schlafdauer für Erwachsene beträgt sieben bis acht Stunden pro Nacht.[48]

Stellst du also fest, dass du dich tagsüber kaum konzentrieren kannst und ständig abschweifst, dann checke doch einmal deine Schlafroutinen.

Sechs Tipps für einen gesunden Schlaf:

1. Gehe jeden Abend zur gleichen Zeit ins Bett und stehe jeden Morgen zur gleichen Zeit auf.
   Das hilft deinem Körper, einen regelmäßigen Schlafrhythmus zu entwickeln.

2. Schaffe eine entspannende Schlafumgebung. Das bedeutet, dass du dein Schlafzimmer dunkel, ruhig

---

47 Sadeh, A., Gruber, R., Raviv, A. (2003). The effects of sleep restriction and extension on school-age children: what a difference an hour makes. Child development, 74(2), 444–455. DOI:10.1111/1467-8624.7402008

48 www.lamodula.de/lexikon/besser-schlafen/wieviel-schlaf-braucht-man

und kühl halten solltest. Insbesondere Licht spielt in diesem Zusammenhang eine große Rolle. Während Dunkelheit unser Schlafhormon Melatonin triggert (wir im Dunklen also eher müde werden), sorgt helles Licht dafür, dass wir eben *nicht* müde werden. Wir sollten also abends darauf achten, Lichter früh genug zu dimmen. Ebenso sollte Blaulicht, welches von unseren Handybildschirmen ausgestrahlt wird, ab einer gewissen Uhrzeit vermieden werden – besonders dann, wenn wir sowieso Probleme mit dem Einschlafen haben.

3. Vermeide Koffein und Alkohol vor dem Schlafengehen. Diese Substanzen können das Einschlafen erschweren bzw. den Schlaf generell stören. Die allgemeine Empfehlung lautet, sechs Stunden vor dem Schlafengehen kein Koffein mehr zu konsumieren. Koffein ist ein Stimulans, das die Wachsamkeit und Aufmerksamkeit erhöht. Es kann bis zu sechs Stunden im Körper verbleiben, was bedeutet, dass es auch noch sechs Stunden später deine Schlafqualität beeinträchtigen kann. Daher rate ich generell dazu, Koffein eher am Morgen bis frühen Mittag zu sich zu nehmen, wenn man es denn braucht.

4. Treibe tagsüber Sport, dann bist du körperlich ausgelastet und abends leichter müde. Anders, als wenn du den ganzen Tag nur am Schreibtisch sitzt. Dein Körper möchte sich bewegen. Du solltest jedoch darauf achten, nicht zu spät abends aktiv zu werden. Bei sportlicher Anstrengung werden Adrenalin und andere Muntermacher ausgeschüttet. Setze dein Training etwas früher an und das Problem ist gelös.

5. Vermeide Nickerchen zu kurz vor dem eigentlichen Schlafengehen, denn sie führen ebenfalls häufig zu Schlafproblemen. Ist auch logisch: Wenn man schon geschlafen hat, ist man ausgeruht und möchte sich nicht ein paar Stunden später wieder schlafen legen.

6. »Bewahre« dir das Bett wirklich als einen Ort der Entspannung und Ruhe. Unterbewusst verknüpfen wir nämlich Orte mit bestimmten Aktivitäten. Den Schreibtisch verbinden wir zum Beispiel mit Lernen, wenn wir das oft genug an diesem Platz erledigt haben. Den Esstisch assoziieren wir mit Essen, wenn wir jeden Tag dort zum Essen sitzen. Wenn wir nun beispielsweise auch im Bett lernen oder essen, assoziiert unser Gehirn das Bett nicht mehr nur mit Schlaf und wir können Probleme bekommen, ein- oder durchzuschlafen.

Konzentrationsbooster: Musik

Mir wird häufig die Frage gestellt, ob Musik uns eigentlich dabei unterstützen kann, länger konzentriert zu bleiben. Die einfache Antwort darauf ist jein. Die differenzierte Antwort darauf gebe ich dir auf den kommenden Seiten.

Musik kann nämlich in der Tat unseren Fokus erhöhen – es kommt dabei vor allem aber auf die *Art* der Musik an.

Grundsätzlich ist Musik in der Lage, unsere Stimmung positiv zu beeinflussen: Hört man einen angenehmen Sound, werden Endorphine freigesetzt, die das geistige Wohlbefinden fördern. Und gute Laune wiederum kann unser Lernen fördern. Allerdings ist im Lernkontext nicht jede Art von Musik geeignet. Eine Studie der Universität Toronto zeigte,[49] dass sich *laute* Musik negativ auf das Leseverständnis auswirken kann und die Hörer:innen eher aufregt als konzentriert bleiben lässt.

Auch Forschungen der Universität von Wales[50] stellten fest, dass Musik – insbesondere Musik mit Text – in manchen Fällen die Gedächtnisleistung und das Leseverständnis von Schülerinnen und Schülern verschlechtern kann. Wir sollten also eher auf langsame, gedimmte und instrumentale Musik setzen und hier ganz konkret auf klassische Musik, Filmmusik und Lo-Fi.

---

49 *Thompson, W. F., Schellenberg, E. G., Letnic, A. K. (2012). Fast and loud background music disrupts reading comprehension. Psychology of Music, 40(6), 700–*708. DOI:10.1177/0305735611400173

50 *Perham, N., Currie, H. (2014). Does listening to preferred music improve reading comprehension performance? Appl. Cognit. Psychol., 28, 279–*284. DOI:10.1002/acp.2994

Daneben gibt es noch bestimmte Geräusche – nicht unbedingt Musik – die uns helfen können, in einen tiefen Fokus zu gelangen. Die Rede hierbei ist von **Brown- oder White Noise**. Das menschliche Ohr nimmt nur Geräusche innerhalb eines bestimmten Frequenzbereichs wahr – jene, die die Cochlea stimulieren, einen spiralförmigen Hohlraum, der sich in unserem Innenohr windet.[51] Wenn wir Brown Noise abspielen, hören wir alle Frequenzen, die das Ohr wahrnehmen kann, auf einmal. Das gleichzeitige Hören all dieser Frequenzen führt zu einer eindringlichen Erfahrung, die manche Menschen als angenehm empfinden. Du hast Brown Noise wahrscheinlich schon einmal gehört, denn er umgibt uns überall, sowohl in natürlicher als auch in künstlicher Form. Hier kommen ein paar Beispiele:

- das leise Grollen des Donners
- Niederschlag auf einem Blechdach
- eine laufende Waschmaschine
- das Geräusch einer Klimaanlage oder eines Lüftungssystems
- ein Staubsauger in Aktion
- das gleichmäßige Dröhnen eines Flugzeugtriebwerks
- ein fließender Bach oder Wasserfall
- das Rascheln des Windes in den Blättern

Du kannst – um ein Gefühl dafür zu bekommen – auch einfach mal im Internet danach suchen. Mittlerweile gibt es zahlreiche Videos, in denen stundenlang Brown Noise abgespielt wird bzw. Apps, die dieses Geräusch dauerhaft wiedergeben können.

---

51 www.nytimes.com/interactive/2022/09/23/well/mind/brown-noise.html

Es gibt einige wissenschaftliche Studien, die die Wirkung von Brown Noise auf unsere Konzentration untersucht haben. In einer Studie aus dem Jahr 2017 fanden Forscher heraus, dass Brown Noise die Fähigkeit von Menschen verbesserte, sich auf ihre Arbeit zu konzentrieren, während sie gleichzeitig von Hintergrundgeräuschen abgelenkt wurden.[52]

Die genaue Wirkungsweise von Brown Noise auf unsere Konzentration ist jedoch noch nicht vollständig geklärt. Es wird aber vermutet, dass das Ganze folgendermaßen funktioniert: Brown Noise kann helfen, störende Hintergrundgeräusche auszublenden.

Es handelt sich um ein komplexes Geräusch, das aus einer Mischung von Frequenzen besteht. Dies macht es für das menschliche Gehirn schwierig, einzelne Geräusche aus dem Rauschen zu isolieren. Dadurch kann Brown Noise dazu beitragen, störende Hintergrundgeräusche abzublenden und die Konzentration zu verbessern.

Es ist jedoch wichtig zu beachten, dass die Wirkung von Brown Noise auf die Konzentration und den Lernprozess von Person zu Person unterschiedlich sein kann. Einige Menschen finden, dass Brown Noise ihnen dabei hilft, sich zu konzentrieren, während andere ihn als ablenkend empfinden. Es ist daher wichtig, die Sache einfach mal auszuprobieren und zu sehen, wie sie auf dich wirkt.

---

52 *Vassie, K., Richardson, M. (2017). Effect of self-adjustable masking noise on open-plan office worker's concentration, task performance and attitudes. Applied Acoustics, 119, 119*–127. DOI:10.1016/j.apacoust.2016.12.011

Das Gleiche gilt für Musik beim Lernen insgesamt. Ja, es gibt Belege dafür, dass sie unseren Fokus schärfen und uns somit in unserem Lernprozess unterstützen kann. Das muss aber nicht auf uns alle zutreffen. Es gibt Menschen, die nur in absoluter Ruhe richtig lernen können und das ist auch in Ordnung so.

Schau am besten, was für dich persönlich funktioniert. Wie gesagt, nur laute Musik und Musik mit Lyrics solltest du dabei ausklammern.

Konzentrationsprobleme tiefer gedacht

Konzentrationsschwierigkeiten können – wie wir zu Beginn des Kapitels festgestellt haben – verschiedene Gründe haben.

Es ist aber auch möglich, dass sie mit psychischen oder physischen Erkrankungen oder Dispositionen zusammenhängen. Zu den häufigsten gehören:

ADHS (Aufmerksamkeitsdefizit-/Hyperaktivitätsstörung) kann sowohl bei Kindern als auch bei Erwachsenen zu Lern- und Gedächtnisproblemen führen. Menschen mit ADHS haben häufig Schwierigkeiten, ihre Aufmerksamkeit aufrechtzuerhalten und werden leicht abgelenkt. Oft treten auch Symptome wie Unruhe oder Zappeligkeit auf, die wiederum langes Sitzen in der Schule oder Uni zu einer echten Challenge machen. Eine professionelle Begleitung kann zur Verbesserung der ADHS-Symptome beitragen.

Unbehandelte psychische Krankheitsbilder wie *Depressionen* oder *Angstzustände* können ebenfalls zu Konzentrationsschwierigkeiten führen. Das ist ja auch irgendwo logisch: Wenn wir mental geblockt sind, fällt es uns schwer, bei Mathe- oder Englischaufgaben am Ball zu bleiben. Diese haben gerade schlichtweg keine Wichtigkeit. Auch akuter bzw. chronischer Stress kann vergleichbare Auswirkungen haben.

Alkoholkonsum kann unsere Denkfähigkeit ebenfalls beeinträchtigen, indem er die Signalübertragung zwischen den Nervenzellen innerhalb des Gehirns stört, was eine Reihe von Beeinträchtigungen zur Folge haben kann.

Auch *Medikamente* können manchmal zu Gehirnnebel führen. Wenn deine Konzentrationsprobleme erst aufgetreten sind, als du angefangen hast, bestimmte Medikamente zu nehmen, solltest du dringend Rücksprache mit deinem Arzt halten.

Key-Learnings aus Kapitel 3

- Methoden wie Ablenkungen zu reduzieren, deinen persönlichen Energie-Rhythmus zu beachten oder auch deine Schlafgewohnheiten zu verbessern können helfen, deine Konzentrationsfähigkeit zu steigern.
- Nicht jede Methode funktioniert aber für jeden Menschen (gleich). Es ist immer wichtig, dich zu fragen, wo deine eigenen Ursachen dafür liegen, nicht so fokussiert bleiben zu können wie du es dir wünscht.
- Sollte auch nach mehrfachen Versuchen, das Thema Konzentration für dich zu optimieren, keine Besserung eintreten, ist es Zeit, den Blickwinkel zu weiten und im Zweifelsfall einen Experten zu konsultieren.

Notizen

TEIL 4

Wie du Prokrastinieren überwindest

Dich beim Prokrastinieren selbst überlisten? Das geht!

Wir wissen nun, wie wir richtig lernen und wie wir dabei konzentriert bleiben können. Was aber, wenn das Problem ganz woanders liegt, nämlich darin, überhaupt *anzufangen*? Ein klarer Fall von **Prokrastination**.

Prokrastination ist das Aufschieben von Aufgaben oder Verpflichtungen, obwohl einem bewusst ist, dass dies negative Konsequenzen hat. Es ist ein weit verbreitetes Phänomen, das Menschen jeden Alters und aus allen Schichten betrifft.

Früher in der Schule habe ich es gehasst, mich auf Prüfungen vorzubereiten. Lernen an sich hat mir Spaß bereitet, aber das Lernen für Prüfungen habe ich immer aufgeschoben. Lernpläne habe ich mir zwar geschrieben, aber nicht eingehalten. Oft habe ich stattdessen andere produktive Aufgaben erledigt, wie zum Beispiel Texte für andere Schulfächer gelesen oder aufgeräumt oder Sport getrieben. Aber das eigentlich Wichtige habe ich übersprungen, bis mich der Druck ein paar Tage vor der Klausur endlich dazu gebracht hat anzufangen.

Wir kommen später noch mal auf genau diese Verhaltensschleife zurück. Prokrastination wird oft mit *Faulheit* verwechselt, aber die beiden Phänomene sind an sich unterschiedlich. Prokrastination ist ein *aktiver* Prozess: Du entscheidest dich dafür, etwas anderes zu tun, als die Aufgabe zu erledigen, von der du weißt, dass du sie erledigen solltest. Im Gegensatz dazu suggeriert Faulheit Apathie, Untätigkeit und mangelnde Bereitschaft zum Handeln.

Beim Prokrastinieren wird in der Regel eine unangenehme, aber wahrscheinlich wichtigere Aufgabe zugunsten einer angenehmeren oder leichteren Aufgabe ignoriert.

Diesem Impuls nachzugeben, kann jedoch schwerwiegende Folgen haben. Zum einen kann Prokrastinieren dazu führen, dass wir unsere Ziele nicht erreichen: Vielleicht verpassen wir eine Deadline, weil wir einfach nicht rechtzeitig angefangen haben. Vielleicht schaffen wir die Aufgabe auch innerhalb der Deadline, verfallen aber in intensiven Stress. Dieser multipliziert sich, je häufiger wir prokrastinieren, weswegen wir uns in Schule und Uni schnell in einem absoluten Dauerstress befinden.

Um das zu vermeiden, müssen wir lernen, mit unserem Prokrastinieren umzugehen. Und dafür müssen wir zunächst einmal verstehen, warum wir eigentlich Aufgaben aufschieben. Hierfür gibt es in meinen Augen zwei Gründe:

Zum einen hat unser Gehirn ein natürliches Bias für *unmittelbare* Belohnungen. Das bedeutet, dass wir Aufgaben, die erst in der Zukunft belohnt werden, oft aufschieben, auch wenn wir uns vorgenommen haben, sie zu erledigen. Dieses Phänomen wird als **Zeitinkonsistenz** bezeichnet. Das lässt sich am besten verstehen, wenn du dir einmal vorstellst, dass wir alle zwei Ichs haben: unser jetziges Ich und unser zukünftiges Ich.[53]

Wenn wir uns Ziele setzen – wie zum Beispiel eine gute Note zu schreiben oder eine Sprache zu lernen – machen wir eigentlich Pläne für unser Zukunfts-Ich.

---

53 Clear, J. (2019). Atomic habits. Lifestyle Publishing.

Unserem jetzigem Ich ist aber egal, was unser Zukunfts-Ich möchte. Wenn wir eine Entscheidung treffen müssen, z. B. ob wir lernen oder durch Social-Media-Kanäle scrollen, denken wir nicht mehr an unser zukünftiges Ich. Wir denken an unser gegenwärtiges und daran, was wir *jetzt* wollen. Das jetzige Ich und das zukünftige Ich stehen also oft im Widerspruch zueinander. Das zukünftige Ich möchte gute Noten haben, aber das jetzige Ich möchte lieber Tiktok- Videos ansehen.

Natürlich wissen wir, welchen Nutzen unsere guten Noten in der Zukunft haben – wir können dadurch unser Traumstudium starten oder unseren Traumjob ergattern. Aber das liegt noch Jahre in der Zukunft. Und die paar Minuten auf Tiktok heute werden mir diesen Traum doch nicht kaputt machen, oder…?

Unser Gehirn ist primär auf kurzfristige Belohnungen ausgelegt (Stichwort: Dopamin). Deshalb sind langfristige Konsequenzen und Belohnungen für uns weniger motivierend.

Was dabei hilft? Wenn wir eine Aufgabe erledigen wollen, können wir zum einen dafür sorgen, dass die negativen Konsequenzen der Nicht-Erledigung dieser Aufgabe für uns unmittelbar spürbar werden.

Am Beispiel der Klausur erklärt, bedeutet das, wir müssen uns bewusst machen, dass wir schlechte Noten schreiben werden, wenn wir *jetzt* nicht lernen. Wenn wir uns diese Konsequenz vor Augen führen, und zwar so plastisch wie nur irgend möglich, mit allen Gefühlen, die wir dann durchleben werden, sind wir eher bereit, mit dem Lernen zu beginnen.

Die andere Möglichkeit ist, uns die aktuelle Aufgabe so schmackhaft wie möglich zu machen.

Hier hilft eine Methode, die sich **Verlockungsbündelung** nennt: Das Prinzip ist einfach: Wir koppeln eine unangenehme Aufgabe mit einer Tätigkeit, die uns Freude bereitet. So entsteht eine positive Verknüpfung, die die Motivation und den Anreiz für die unangenehme Aufgabe erhöht.[54]

So nutzt du das Prinzip der Verlockungsbündelung:

- Wähle eine Aufgabe, die du erledigen musst (Beispiel: Lernen).
- Wähle eine Belohnung, die dir Spaß macht. Die Belohnung sollte etwas sein, das dich motiviert, aber nicht ablenkt (Beispiel: Sport treiben, statt Lieblingsserie gucken).
- Verknüpfe dann die Aufgabe mit der Belohnung. In diesem Beispiel: »Ich gehe nur zum Sport, wenn ich meine Karteikarten mitnehme und auf dem Laufband lerne.« Oder: »Ich gehe nur in die Badewanne, wenn ich dabei einen Text für den morgigen Tag lese.« Oder: »Ich höre nur meine Lieblingssongs, wenn ich dabei meinen Schreibtisch aufräume.«

Im Grunde simple Wenn-dann-Verknüpfungen, die sich auf alle denkbaren Lebensbereiche übertragen lassen.

Was außerdem hilft, Ziele unseres zukünftigen Ichs zu Zielen unseres jetzigen Ichs zu machen, sind sogenannte **Accountability Buddys**.

---

54 Clear, J. (2019). Atomic habits. Lifestyle Publishing.

Ein Accountability Buddy ist eine Person, die dich dabei unterstützt, dich an deine Verpflichtungen und Aufgaben zu halten, um langfristig deine Ziele zu erreichen. Sie fungiert als dein persönlicher Motivator und Unterstützer und hilft dir dabei, dranzubleiben.

Im Grunde kann das wirklich jede Person aus deinem sozialen Umfeld sein – ein Freund oder eine Freundin, Kommilitonen oder Schulkameradinnen, Geschwister... die Liste ist endlos.

Es geht nämlich erst mal nur darum, dass man einer anderen Person mitteilt, was man sich vornimmt, zum Beispiel für eine bestimmte Klausur lernen.

Die *American Society of Training and Development* (ASTD) hat eine Studie zu Accountability Buddys durchgeführt[55] und herausgefunden, dass die Wahrscheinlichkeit, ein Ziel zu erreichen, bei 65 Prozent liegt, wenn man sich jemandem gegenüber verpflichtet. Vereinbart man on top eine spezielle Deadline, erhöht das die eigenen Erfolgschancen um bis zu 95 Prozent.

Das liegt vor allem an unserem Drang, soziale Standards zu erfüllen. Wenn wir jemandem *erzählt* haben, dass wir heute lernen wollen, dann möchten wir auf keinen Fall am Ende des Tages die Person sein, die das nicht hinbekommen und wieder nur gefaulenzt hat. Dann wären wir ja Loser. Und niemand möchte ein Loser sein! Entsprechend halten wir uns eher an Ziele, wenn wir sie nach außen kommuniziert haben.

---

55 www.afcpe.org/news-and-publications/the-standard/2018-3/the-power-of-accountability/

Du kannst das ganz leicht umsetzen, indem du einfach einer deiner Vertrauenspersonen am Anfang des Tages sagst (oder schreibst), was du konkret vorhast, was also dein Ziel ist und bis wann du es erreicht haben möchtest.

Beispiel: Du möchtest 20 Seiten deiner Lektüre lesen und damit bis 18.00 Uhr fertig sein.

Du kündigst dann an, dass du um 18.00 Uhr einen Beweis liefern wirst, dass du tatsächlich gelesen hast. Hierfür könntest du beispielsweise deine Notizen senden, die dir du zu den einzelnen Seiten gemacht hast.

Dadurch verpflichtest du dich, tatsächlich voranzukommen und um 18.00 Uhr Ergebnisse vorzulegen.

Um den anfänglichen Punkt von Zielen des Zukunfts-Ichs und des Jetzt-Ichs hiermit noch einmal zu schließen: Einfach nur eine Lektüre zu lesen, über die du in zwei Wochen eine Klausur schreiben musst, ist ein mehr oder weniger fernes Ziel in der Zukunft. Schließlich hast du noch ewig Zeit dafür. Wenn du aber einem Freund oder einer Freundin ankündigst, diese 20 Seiten heute zu lesen, dann möchtest du dich vor deinem Accountability Buddy im Jetzt nicht blamieren – das Ganze wird also zu einem Jetzt-Ziel, womit die Wahrscheinlichkeit anzufangen um einiges steigt.

Was wirklich hinter dem Prokrastinieren steckt

So weit, so gut. Neben dem Konflikt zwischen Zukunft und Hier und Jetzt gibt es aber noch weitere Gründe, warum wir prokrastinieren. Prokrastination ist nämlich nicht der *eigentliche* Knackpunkt, sondern vielmehr ein *Symptom* für zugrundeliegende, andere Probleme, die auf den ersten Blick gar nicht mal so offensichtlich wirken. Es lohnt also, sich diese einmal genauer anzusehen, damit du im nächsten Schritt daran arbeiten kannst, solltest du dich in den nachfolgenden Punkten wiedererkennen.

Die häufigsten Ursachen, die zum Prokrastinieren führen können, sind:

- Versagensangst
- Perfektionismus
- eine als langweilig empfundene Aufgabe
- Entscheidungsmüdigkeit
- Überforderung

Schauen wir uns die einzelnen Themen nun etwas genauer an:

Versagensangst

Der wohl häufigste Grund für Prokrastination ist Angst, d. h. Menschen schieben Aufgaben auf, weil sie Bedenken haben, dabei zu versagen oder kritisiert zu werden.

Der Zusammenhang zwischen Angst und Prokrastinieren ist komplex und oft an der Oberfläche nicht direkt erkennbar.

Angst ist eine starke emotionale Blockade, die dazu führt, dass Menschen Aufgaben aufschieben, um sich nicht weiter mit diesem negativ empfundenen Gefühl auseinandersetzen zu müssen. Das kann zwar kurzfristig helfen, um weiterhin eine gute Laune zu bewahren, langfristig schadet es jedoch aus mehreren Gründen mehr, als dass es hilft: Das Aufschieben löst die Angst nämlich nicht, sondern verschiebt nur den Zeitpunkt, an dem sich die betreffende Person mit ihr auseinandersetzen muss.

Und noch mehr: Durch das Aufschieben wächst Angst meist weiter, was die mit der Aufgabe verbundenen negativen Emotionen wiederum verstärken kann.

Kurz zusammengefasst: Angst ist nicht nur eine potenzielle Ursache für unser Aufschiebe-Verhalten, sondern auch eine potenzielle Folge davon, d. h. Prokrastinieren kann bestehende Ängste verschärfen und neue hervorrufen.

Dies kann zum **Angst-Prokrastinations-Zyklus** führen wie beispielsweise in diesem Fall: Eine Person empfindet bei einer bestimmten Aufgabe (zum Beispiel eine Hausarbeit schreiben) Versagensängste, schiebt sie deshalb auf und muss sie in der Folge unter großem Zeitdruck kurz vor dem Abgabetermin erledigen, was zu unbefriedigenden Resultaten

(schlechteren Noten) führt. Dies erzeugt auch für die Zukunft Angst, bei ähnlichen Aufgaben erneut schlecht abzuschneiden, was zur Folge hat, dass man diese wieder aufschiebt und so weiter.

Was bei angstgetriebenem Prokrastinieren hilft:

- Identifiziere deine Ängste. Finde heraus, wovor genau du Angst hast und warum das so ist. Nur dann kannst du auch Wege finden, wie du mit diesen Gefühlen umgehen kannst.
- Hinterfrage deine Ängste, wie zum Beispiel: »Mache ich mir Sorgen über etwas, das wahrscheinlich gar nicht eintreten wird?«. Die meisten unserer Ängste sind nämlich hoch irrational. Viele Schüler:innen befürchten beispielsweise einen Blackout in einer Klausur. Sich plötzlich aber an absolut gar nichts mehr erinnern zu können, kommt *äußerst* selten vor.
- Gehe deine Ängste aktiv an. Wenn du z.B. befürchtest, bei einer Klausur auf ein Hindernis zu stoßen, könntest du dir genau überlegen, wie du mit diesem Hindernis umgehen wirst, falls es tatsächlich auftritt.
- In diesem speziellen Fall könntest du zum Beispiel planen, erst mal zur nächsten Klausuraufgabe zu springen, wenn du bei der aktuellen nicht weiterweißt, und später zu deinem Knackpunkt zurückzukehren, anstatt den Rest der Zeit panisch über die Antwort nachzugrübeln.
- Hole dir Unterstützung und Ermutigung – in Form von Freunden oder Familie. Auch schulpsychologische oder anderweitige Beratungsstellen können hier eine gute Anlaufstelle sein.
- Und: Erinnere dich an vergangene Erfolge. Du denkst ständig, du würdest versagen? Dann denke mal über all die Erfolge nach, die du bereits in deinem Leben sammeln konntest. Wenn ich beispielsweise der Meinung bin, eine Klausur zu verhauen, erinnere ich mich daran, dass ich schon so häufig in der Vergangenheit an einem

ähnlichen Punkt stand und am Ende doch gute Noten eingeheimst habe. Warum sollte es dieses Mal nicht genauso sein?

Perfektionismus

Perfektionismus kann ein großer Aufgaben-Verhinderer sein. Wir reichen das Bewerbungsschreiben für einen neuen Nebenjob nicht ein, weil wir befürchten, dass es noch Fehler haben könnte. Oder wir sträuben uns, unsere Hausarbeit zu schreiben, weil wir der Meinung sind, dass alles, was wir bis jetzt geschrieben haben, nicht gut genug ist.

Manchmal ist diese Haltung verbunden mit der Vorstellung, zu einem späteren Zeitpunkt bessere Rahmenbedingungen vorzufinden, die es uns ermöglichen, die Aufgabe optimal zu erledigen. Nach dem Motto: In einer Woche habe ich weniger Stress, das erlaubt mir, bei meiner Hausarbeit bessere Ergebnisse zu erzielen. Unterbewusst aber steigern wir unseren Stressfaktor, indem wir die Aufgabe verspätet angehen.

Es ist normal, dass man an der Universität oder in der Schule sein Bestes geben will. Niemand möchte versagen.

Aber wenn es ums Lernen geht, ist das Streben nach Perfektion eben nicht immer gleichbedeutend damit, sein Bestes zu geben. Womöglich schmälert es unsere Erfolgschancen auf gute Noten sogar. Wenn wir nämlich ständig alles umändern, weil wir so an unserer Arbeit zweifeln, kann es sein, dass wir am Ende etwas Schlechteres abgeben, als das, was wir ursprünglich fabriziert haben.

Was bei Perfektionismus hilft:

- Zum einen ist es wichtig, dass du aus deinem Schwarz-Weiß-Raster aussteigst. Die Denkweise Schwarz oder Weiß (bzw. in diesem Fall »perfekt« oder »grottenschlecht«) geht von nur zwei Möglichkeiten aus: Entweder man erbringt eine einwandfreie Leistung, erfüllt alle Standards und übertrifft alle Erwartungen – oder man scheitert kläglich. Eine Einstellung, die den Glauben nährt, dass wir versagt haben, wenn wir nicht perfekt abschneiden, und dass wir und unsere Arbeit daher wertlos sind.
- Lerne das Grau dazwischen zu sehen. Denn »perfekt« wirst du sowieso niemals erreichen. Wir haben ja bereits in einem vorherigen Kapitel darüber gesprochen, dass Bewertungen stark subjektiv sind. Selbst wenn du also eine Hausarbeit abgibst, die in deinen Augen optimal ist (wobei Perfektionisten diesen Punkt ja aus Prinzip nur selten erreichen), sieht das deine Lehrkraft vielleicht total anders.
- Umgekehrt kann es sein, dass du etwas abgibst, das in deinen Augen total misslungen ist, von der Lehrkraft aber vollends gelobt wird.
- Mach dir klar, dass du mit dem Streben, perfekt zu sein, einer Illusion hinterherläufst, die du *niemals* erfüllen kannst. Nicht heute, nicht morgen und auch nicht nächstes Jahr.
- Setze dir also realistischere Standards. Sage dir von Anfang an, dass du dein Bestes geben wirst und dass dieses Beste auch genug ist – unabhängig vom Ergebnis am Ende. Das reduziert den Druck schon mal enorm.

»Langweilige« Aufgaben

Mal ganz ehrlich: Manchmal schieben wir Aufgaben auch einfach auf, weil wir sie langweilig und öde finden.

Denken wir nur mal an das alte Gedicht, das wir analysieren müssen – klingt nicht nach einer idealen Nachmittagsbeschäftigung, nicht wahr? Oder den Sachtext über englische Geschichte, der noch gelesen werden muss?

Die Sache ist: Langeweile hängt immer auch mit unseren Alternativangeboten zusammen, sprich wie wir unsere Zeit sonst verbringen könnten: Freunde treffen oder Fernsehen bzw. Tiktok-Videos gucken. All diese Aktivitäten bescheren uns in der Regel ein größeres Belohnungsgefühl als die Gedichtanalyse oder der Sachtext (darüber haben wir ja bereits im letzten Kapitel gesprochen – Stichwort: Dopamin).

Was bei als langweilig empfunden Aufgaben hilft:

- Vor allem hilft es, die Aufgabe *weniger* langweilig zu gestalten, zum Beispiel indem du dich mit Freundinnen und Freunden zusammentust und ihr sie gemeinsam erledigt.
- Teste außerdem einmal die **Second-Chair-Methode,** die ich persönlich gerne empfehle und die in den sozialen Medien in letzter Zeit sehr populär geworden ist.

  Dabei stellst du einen zweiten Stuhl (außer dem Stuhl, auf dem du bereits sitzt) in die Mitte des Raumes. Wann immer du den Drang hast, etwas anderes zu tun als die Aufgabe, um die es gerade gehen sollte, stehst du auf und setzt dich auf diesen zweiten Stuhl. Auf diesem

Stuhl darfst du allerdings *nichts* machen, außer nach vorne zu schauen. Kein Handy ist erlaubt, keine Gespräche – nichts.
Das reine Anstarren der Wand wird dich wahrscheinlich so schnell langweilen, dass du die eigentlich öde Aufgabe, an der du gerade gesessen hast, doch vorziehst, da sie dich immerhin mehr fordert als nur geradeaus zu schauen.
Die Methode klingt zu simpel, um wirklich zu funktionieren, aber ich habe sie selbst schon einige Male erfolgreich ausprobiert und kriege – seit ich ein Video dazu hochgeladen habe – noch täglich Nachrichten von Leuten, die begeistert von den Ergebnissen sind.
Oft sind wir nämlich gar nicht wirklich gelangweilt. Wir wollen nur einfach etwas anderes machen. Wenn dieses andere aber noch langweiliger ist als unsere Aufgabe, hören wir recht schnell auf mit dem Prokrastinieren.

Entscheidungsmüdigkeit

Wahlmöglichkeiten sind ein wesentlicher Bestandteil des Lebens, und die Möglichkeit, für sich selbst Entscheidungen zu treffen, ist eine Voraussetzung für Glück. Doch zu viel Auswahl zu haben, ist nicht immer eine prima Sache. Sieht man auch, wenn man sich auf Netflix zwischen 1000 verschiedenen Filmen entscheiden muss – oder darf?

Gegebenenfalls tritt dann etwas auf, das man **Entscheidungslähmung** nennt: Wir sind unfähig zu entscheiden, wenn wir aus Optionen auswählen müssen, die nur schwer zu vergleichen sind. Gelingt es uns also nicht, zwischen Aktion A und B zu wählen, setzen wir womöglich auf Aktion C – oder entschließen uns gar nichts tun.

Je mehr Optionen wir vor uns haben, desto schwieriger wird die Sache. Außerdem steigt mit zunehmender Komplexität oder Wichtigkeit der Angelegenheit auch der Energieaufwand, den die Entscheidung erfordert. Das ist ein zentraler Punkt, um Prokrastinieren besser zu verstehen: Zwei wichtige Dinge müssen erledigt werden, wir wissen aber nicht, was wir zuerst anpacken sollen – also tun wir oft keines von beiden.

Stattdessen beginnen wir zu prokrastinieren. Wir fangen an, eine Fernsehserie zu schauen, checken unseren Insta-Feed oder gehen mit Freunden in eine Kneipe. Das ist übrigens auch der Grund, warum in Prüfungsphasen die Zimmer von vielen Studierenden plötzlich blitzblank sind, obwohl während des Semesters nur Chaos herrscht. Wenn wir nicht wissen, wo wir anfangen sollen, scheint sogar Putzen eine gute Idee zu sein.

Was bei Entscheidungsmüdigkeit hilft:

- Setze dir eine Frist.
  Das haben wir ja bereits besprochen: Je mehr Zeit wir haben, über etwas nachzudenken, desto eher tappen wir in die Prokrastinationsfalle. Setze dir also für jede Aufgabe eine Deadline. Diese setzt dich (positiv) unter Druck, möglichst bald anzufangen.
- Hole dir Anregungen von anderen.
  Wenn du selbst Schwierigkeiten hast, eine Entscheidung zu treffen, hole dir den Rat anderer ein. Sprich mit deinen Freunden, deiner Familie oder deinen Lehrkräften und höre dir deren Meinung an. Das kann dir helfen, die

Situation aus einer anderen Perspektive zu sehen und einen stichhaltigeren Entschluss zu fassen. Angenommen du stehst vor der Entscheidung, welches Thema du für deine Bachelorarbeit auswählst. Dann überlege nicht zu lange allein (das führt nur dazu, dass du das Schreiben aufschiebst), sondern vereinbare direkt einen Termin bei deiner Betreuungsperson.

- Lass eine Münze entscheiden
  Manchmal ist es am besten, wenn du gar nicht länger überlegst, sondern dir die Entscheidung einfach selbst abnimmst. Lass also den Zufall entscheiden. Und: manchmal wissen wir unterbewusst schon, für welche Option wir uns eigentlich entscheiden wollen. Unterbewusst hoffen wir dann nämlich beim Münzwurf auf ein bestimmtes Ergebnis – das ist jenes, welches wir wählen sollten.

Überforderung

Manchmal schiebt man auch etwas auf, weil man sich überfordert fühlt. Geht es zum Beispiel darum für eine Klausur zu lernen, gibt es anfangs so viele Dinge zu tun, dass man gar nicht weiß, wo man anfangen soll. Oder aber der Stoff erscheint einem zu schwer und zu kompliziert.

Was bei Überforderung hilft:

- Schreibe dir kleinschrittige To-do-Listen: Die Betonung liegt hierbei auf *kleinschrittig*. Anstatt einfach nur »lernen« auf die Liste zu setzen, solltest du dein Thema bzw. besser deine Themeneinheit konkret benennen.

- Definiere die Methode, wie du deine Aufgabe angehen möchtest, zum Beispiel: »Thema xy lernen, indem ich drei von den Übungsaufgaben, die uns gegeben wurden, erledige.«

Je kleiner die einzelnen Schritte, desto machbarer erscheint uns die Aufgabe und desto eher gehen wir sie an.

Drei Methoden, um schneller anzufangen

Zum Abschluss möchte ich dir noch drei Methoden an die Hand geben, die dir unabhängig von den genauen Ursachen deines Prokrastinierens helfen, schneller loszulegen.

Die 3–2-1 Methode

Immer, wenn du den Impuls hast, eine Aufgabe zu erledigen (zum Beispiel lernen, etwas schreiben, aufräumen, etc.), solltest du genau in diesem Moment anfangen, von 3 runterzuzählen. 3,2,1, los! Ohne Umschweife, ohne weitere Gedanken. Zählen und loslegen.

Warum funktioniert das?

Zum einen prokrastinieren wir häufig, weil wir uns einfach viel zu viele Gedanken über eine Aufgabe machen. »Das macht keinen Spaß«, »Das ist langweilig«, »Was, wenn ich es nicht gut genug erledige?«... die Liste an Ausreden, warum gerade kein guter Zeitpunkt ist, um anzufangen, kann lang sein. Wenn der Kopf aber mit Zählen beschäftigt ist, bleibt kein Platz mehr für solche Gedanken. Dazu kommt, dass wir gesellschaftlich darauf konditioniert sind, nach einem Countdown loszulegen. Vielleicht hast du ja schon einmal an einem Stadtlauf oder etwas Ähnlichem teilgenommen. Sobald der Startschuss gegeben ist, rennen wir los – ohne zu zögern. Ganz ähnlich funktioniert das auch mit unseren alltäglichen Aufgaben.

Die 2-Minuten-Regel

David Allen hat sie erstmals in seinem Buch *Getting Things Done* aufgestellt. Sie ist ein hilfreiches Tool, um dem Hang zum Prokrastinieren zu vertreiben und hilft dir dabei, kleine Aufgaben sofort und schnell zu erledigen. Die Regel besagt Folgendes: Wenn eine Aufgabe in zwei Minuten oder weniger erledigt werden könnte, dann solltest du sie sofort in Angriff nehmen – und nicht aufschieben.[56]

Wenn du zum Beispiel jeden Tag zwei Minuten damit verbringst, dein Geschirr vom Schreibtisch wegzuräumen, musst du am Wochenende nicht 30 Minuten dafür aufwenden, nachdem sich dort in der Zwischenzeit ein Geschirrberg aufgetürmt hat.

Oft sind es kleine Aufgaben, die sich auf unseren To-do-Listen drängen, uns zum Prokrastinieren bringen und schließlich unüberwindbar erscheinen, weil wir sie eben zu einer Monster-Aufgabe haben anwachsen lassen. Eine E-Mail beantworten, Dokumente abspeichern, den Schreibtisch aufräumen oder Lernzettel abheften sind alles Aufgaben, die man in 120 Sekunden oder weniger erledigen kann. Zusammengenommen ergeben sie jedoch eine lange Liste unerledigter Tasks, die wir immer weiter vor uns herschieben. Das führt dazu, dass wir mehr Zeit und Energie damit verbringen, darüber nachzudenken, warum wir sie noch nicht erledigt haben, und uns deswegen schuldig fühlen, als wenn wir sie einfach angehen würden.

---

56 Allen, D. (2015). Getting things done: The Art of Stress-Free Productivity. Penguin.

Die 5-Minuten-Regel

Bei dieser Methode geht es darum, dass du dir vornimmst, die Aufgabe, die du erledigen möchtest, nur fünf Minuten lang zu bearbeiten. Nicht mehr und nicht weniger.

Gestaltet sich die Sache nach fünf Minuten so schrecklich, dass du aufhören musst, steht es dir frei, das zu tun. Aufgabe erfüllt. Erledigt. Die meisten Menschen stellen jedoch fest, dass es nach fünf Minuten leicht ist weiterzumachen, solange bis die Aufgabe wirklich *ganz* erledigt ist. Schließlich hat man dann schon alle seine Materialien rausgekramt und sich hingesetzt und… du weißt schon.

Sich etwas vorzunehmen und damit zu beginnen, ist in der Regel der schwierigste Teil. Stellst du dir dagegen vor, dass die Aufgabe vielleicht nur fünf Minuten dauert, fühlt sie sich weniger überwältigend an und wird eher machbar. Folglich gibt es keinen Grund zum Prokrastinieren.

Key-Learnings aus Kapitel 4

- Du hast gelernt, dass Prokrastinieren vor allem ein Konflikt zwischen deinem zukünftigen Ich und deinem jetzigen Ich ist.
- Dieser Konflikt geht in der Regel zugunsten deines jetzigen Ichs aus – es sei denn du wendest Methoden wie die Verlockungsbündelung an oder ziehst Accountability Buddys zu Hilfe.
- Außerdem liegen dem Prokrastinieren meist weitere Ursachen zugrunde, die man ebenfalls in Angriff nehmen sollte, wenn man langfristig weniger Aufgaben aufschieben möchte.
- Zuletzt hast du die 3–1-2 Methode, die 2-Minuten- Regel und die 5-Minuten-Regel kennengelernt, die du in Zukunft in akuten Momenten des Aufschiebens einsetzen kannst.

Notizen

TEIL 5

Wie du Motivation langfristig aufbaust

(und hältst)

Du weißt jetzt also, wie du weniger aufschiebst und mit einer Aufgabe zügig loslegen kannst. Was aber, wenn dir nach der Hälfte die Lust ausgeht? Was, wenn du Schwierigkeiten hast, eine Aufgabe durchzuziehen, weil dir einfach der Wille fehlt, weiterzumachen?

In dem Fall liegt vermutlich ein Motivationsproblem vor.

Und darüber werden wir in diesem Kapitel sprechen. Du wirst erfahren, was Motivation genau ist, wie du sie in dir selbst entstehen lassen (und aufrechterhalten) kannst und was zu tun ist, wenn sie dir mal ausgeht.

Motivation bedeutet in Bewegung bleiben...

Motivation ist die treibende Kraft hinter unserem Verhalten. Sie bewegt uns dazu, aktiv zu werden und unsere Ziele zu erreichen. Motivation kann durch eine Vielzahl von Faktoren beeinflusst werden, wie z.B. unsere Bedürfnisse, Wünsche, Überzeugungen und Gefühle. Man unterscheidet zwischen zwei Arten von Motivation: der intrinsischen und der extrinsischen.

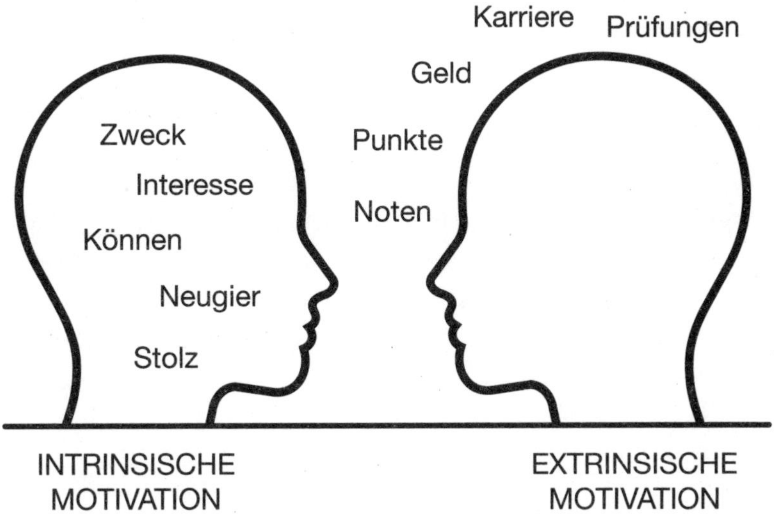

Intrinsische Motivation kommt, wie der Name schon sagt, aus unserem Inneren. Wir machen etwas, weil wir es angenehm, herausfordernd oder wichtig finden. Wir könnten zum Beispiel motiviert sein, eine neue Sprache zu lernen, weil wir gerne in ein fremdes Land reisen würden. Oder wir sind motiviert, für die

Schule oder Uni zu lernen, weil wir es genießen, unseren Wissenstand zu erweitern und gebildeter zu werden.

Weitere Beispiele für intrinsische Motivation sind:

- Zeit mit anderen Menschen zu verbringen, weil du sie einfach magst.
- Etwas kochen, weil du gerne neue Rezepte ausprobierst.
- Musik machen, weil es dir Spaß macht.
- Sport treiben, weil es dir gefällt, an deine persönlichen körperlichen Grenzen zu kommen.
- Kunst schaffen, weil du dich kreativ ausdrücken möchtest.
- Dich ehrenamtlich engagieren, weil es dir ein Gefühl von Erfüllung gibt.

Extrinsische Motivation kommt von außen und ist häufig mit irgendeiner Form der Gegenleistung verknüpft, z.B. Lob, Geld oder Anerkennung. Wir könnten zum Beispiel motiviert sein, für einen Test zu lernen, weil wir eine gute Note erreichen wollen. Oder wir sind motiviert, ins Fitnessstudio zu gehen, weil wir gut aussehen wollen.

Um zu zeigen, wie extrinsische Motivation in unserem Beispiel von eben aussehen würde, können wir uns die Liste von eben noch einmal vornehmen:

- Zeit mit anderen Menschen zu verbringen, weil sie als »cool« gelten und davon etwas auf dich abfärben könnte.

- Etwas kochen, weil du dadurch Leute, die zu Besuch kommen, beeindrucken möchtest.
- Musik machen, um berühmt zu werden.
- Sport treiben, um abzunehmen und damit anderen zu gefallen.
- Kunst schaffen, weil du damit andere beeindrucken möchtest.
- Dich ehrenamtlich engagieren, um deinen Lebenslauf aufzuhübschen.

Studien zeigen, dass extrinsische Motivation in manchen Fällen schwächer wirkt als intrinsische. Das liegt daran, dass letztere wie ein Motor ist, der erst einmal von selbst läuft und keinen Treibstoff benötigt. Das bedeutet aber nicht, dass wir uns nur auf eine Art von Motivation verlassen können.

Wenn wir nur durch äußere Faktoren motiviert sind, verlieren wir möglicherweise das Interesse an unseren Zielen, sobald wir nicht mehr die gewünschten Belohnungen erhalten.

Wenn wir jedoch nur durch innere Faktoren motiviert sind, fällt es uns möglicherweise schwer, Ziele zu erreichen, sobald sie sich als schwierig oder herausfordernd erweisen. Möglicherweise verlieren wir dann auch die Lust, besonders wenn es sich um Ziele handelt, die »das System« uns setzt (z. B. uns bewerben, um unseren Traumjob zu ergattern etc.)

Obwohl intrinsische und extrinsische Motivation vom Konzept her gegensätzlich funktionieren, wirken beide oft zusammen. Wir können uns also motiviert fühlen etwas zu tun, weil es uns Spaß macht, aber auch, weil wir einen Nutzen daraus ziehen. Wir könnten z. B. eine Fremdsprache lernen, weil wir schon immer mehr über ein bestimmtes Land erfahren wollten, aber auch, weil es uns möglicherweise dabei hilft, eine gute Note in einem Fremdsprachen-Fach zu bekommen.

Sowohl intrinsische als auch extrinsische Motivation können also starke Kräfte sein. Der Schlüssel liegt darin, das richtige Gleichgewicht für dich persönlich zu finden und beide Pole zu stärken.

Im Folgenden gebe ich dir einige Tipps an die Hand, die dir dabei helfen, deine intrinsische und extrinsische Motivation zu steigern – und zwar unabhängig davon, wofür du sie gerade brauchst.

So erhöhst du deine intrinsische Motivation

Es ist nicht so, als wäre von Natur aus in uns keine Freude am Lernen. Menschen sind grundsätzlich einmal neugierig, entdecken gern Neues und bauen ihr Wissen weiter aus. Es ist nur so, dass die Schule uns viel von dieser inneren Freude am Lernen nimmt.

Dafür verantwortlich ist zu einem großen Teil der sogenannte **Überrechtfertigungseffekt**.[57] Was ist damit gemeint? Wird ein externer Anreiz geboten, z. B. Geld oder Anerkennung für eine Tätigkeit, die eine Person zuvor rein intrinsisch motiviert ausgeübt hat, kann dieser externe Anreiz den inneren Antrieb schmälern.

Einfach ausgedrückt: Wenn Menschen eine Tätigkeit zu ihrem Vergnügen oder zur persönlichen Befriedigung ausüben und ihnen dann eine externe Belohnung dafür angeboten wird, kann ihre intrinsische Motivation, diese Tätigkeit weiter auszuüben, sinken. Der Grund liegt vermutlich darin, dass eine externe Belohnung die persönliche Wahrnehmung der Tätigkeit verändern kann. Wird sie nicht mehr als etwas angesehen, das an sich Spaß macht, sondern als Mittel zum Zweck (Erhalt der Belohnung), kann die intrinsische Motivation entsprechend zurückgehen. Schauen wir uns beispielsweise die Situation rund um den Schuleintritt einmal an: Kinder kommen voller Vorfreude aus dem Kindergarten in die Schule und haben anfangs große Lust, dazuzulernen. Die ersten Schulstunden machen den aller-

---

57 *https://lehrbuch-psychologie.springer.com/glossar/%C3%BCberrecht-fertigungseffekt*

meisten Kindern total Spaß, sie sind wissbegierig und nehmen rege am Unterricht teil. Dann wird der erste Test geschrieben, die ersten Bewertungen werden vergeben und die allgemeine Freude bekommt einen Dämpfer. Plötzlich lernt man nur noch, weil man es muss, um eine gute Note zu bekommen, und nicht mehr, weil man einfach Interesse daran hat, sich Rechnen und Schreiben anzueignen.

Das ist einerseits schade, zeigt aber auch, dass es häufig die Umstände sind, die uns die Freude am Lernen nehmen, und nicht das Lernen an sich. Genau das aber kannst du für dich nutzen, indem du versuchst, dem Lernen wieder etwas seiner ursprünglichen Begeisterung »einzuhauchen«, die es einmal mit sich brachte.

Freie Wahl statt »müssen«

Am besten startest du, indem du das Wort »müssen« ganz aus deinem Wortschatz streichst, wenn du über das Lernen sprichst. Wahrscheinlich ist dir gar nicht bewusst, wie viel Einfluss deine eigenen Worte auf dich und deine Einstellung und Motivation haben können.

Wenn du das nächste Mal eine Prüfung vor dir hast, dann beobachte mal, wie du mit dir selbst kommunizierst. Sagst du dir »Ich muss lernen«, dann sieht dein Gehirn Lernen als eine absolute Pflicht an, zumindest aber als etwas, das du nicht freiwillig tust.

Schauen wir jedoch einmal genauer hin, stellen wir fest, dass wir oft gar nicht in dem Sinne lernen *müssen*, wie wir es mit unseren Worten zum Ausdruck bringen. Klar, es gibt die Schulpflicht. Aber wir sind nicht gezwungen, *viel* für eine Klausur zu lernen. Wir tun das in der Regel nur, um uns selbst oder andere nicht mit unseren Noten zu enttäuschen. Wirklich müssen tun wir es nicht. Es gibt wenig, was wir im Leben *wirklich* müssen.

Im Studium tritt das noch deutlicher zutage: Niemand zwingt uns, für unsere Klausur zu lernen. Niemand zwingt uns, zur Uni zu gehen. Es zwingt uns insgesamt auch niemand, zu studieren. *Wir haben uns das selbst ausgesucht.* Und genau das sollten wir auch mit unseren Worten darüber ausdrücken. Lass uns »müssen« durch »können« oder noch besser »wollen« ersetzen.

Sage dir »Ich kann für meine Klausur lernen«. Oder: »Ich will für meine Klausur lernen, und zwar aus folgenden Gründen.« Das ist eine komplett andere Formulierung, mit der du eine komplett andere Sichtweise auf dein Lernen zum Ausdruck bringst.

Wenn du dir bewusst sagst, dass du dich selbst dazu entscheidest zu lernen, macht dir das einmal mehr klar, dass dir niemand eine Pistole an den Kopf hält und dich zum Lernen zwingt. Es ist ein Entschluss, den du selbst treffen kannst.

Wenn du sagst: »Ich darf für die Prüfung lernen«, erinnerst du dich außerdem daran, dass es auf der ganzen Welt Millionen von Kindern und Jugendlichen gibt, die gerne zur Schule gehen würden, gerne lernen würden, aber nicht die Möglichkeit dazu haben. Vielleicht lässt dich das das Privileg, dass Bildung in Deutschland so zugänglich und vor allem so kostengünstig ist (im Vergleich zu anderen Ländern), viel mehr schätzen.

Generell kann es helfen, das eigene Lernen mehr im Licht des »großen Ganzen« zu sehen. Frage dich bei Aufgaben, auf die du keine Lust hast, mal ganz genau, was sie dir für deine Zukunft bringen können. Für jede einzelne Aufgabe gibt es in der Regel eine positive Verknüpfung, wenn sie auch auf den ersten Blick nicht immer gleich offensichtlich ist.

Nehmen wir mal das Beispiel Matheaufgaben. Abgesehen von guten Noten, die wir bekommen können, wenn wir für das Fach lernen (das wäre eine extrinsische Motivation), ermöglicht es uns auch, uns selbstständig in dieser Welt zu bewegen und Zusammenhänge des Lebens zu verstehen. Es hilft uns, unsere kognitiven Fähigkeiten weiterzuentwickeln und vor allem analytisch zu denken, also Informationen zu sammeln, zu bewerten und zu verstehen, um zu einer Schlussfolgerung zu gelangen. Eine wichtige Fähigkeit für den Erfolg in der Schule, im Beruf und im Leben.

Aber auch so ist es im Alltag wichtig, mit Zahlen umgehen zu können – sei es, wenn es um deine Finanzen geht oder ganz simpel bei der Anpassung von Mengenangaben beim Backen. Was ich damit sagen will: Mathe ist supervielfältig und bringt uns mehr, als wir denken.

Oder nehmen wir das andere Beispiel »Gedichtanalysen«. Auf den ersten Blick erscheinen sie uns »öde« und aus der Zeit gefallen. Doch dabei lernen wir zwischen den Zeilen zu lesen und die Wirkung von Sprache zu verstehen. Überleg doch einfach einmal bei deinen persönlichen Problemfächern, wo dir ihre Inhalte im Alltag oder künftig wirklich weiterhelfen könnten. Findest du einen Ansatzpunkt, wirst du gleich viel mehr Sinn darin sehen, deine Aufgaben zu erledigen. Und Sinnhaftigkeit treibt uns nun mal an.

Lernen kann Spaß machen – zumindest kannst du dafür sorgen

Daneben kannst (und solltest) du aber auch versuchen, die Aktivität »Lernen« an sich so zu gestalten, dass sie mehr Freude macht. Hierfür gibt es unzählige Möglichkeiten.

Du könntest zum Beispiel verschiedene Lernformate ausprobieren. Sich auf ein einziges zu beschränken, kann ermüdend und langweilig werden. Deshalb ist es eine gute Idee, in deinen Arbeitsroutinen für Abwechslung zu sorgen!

Das Internet bietet mittlerweile tausende Angebote:

- *Erklärvideos*: Zu finden auf Webseiten und Kanälen, die fächerbezogene Erklärungen liefern (zum Beispiel Mathe oder Biologie) und dabei anschauliche Grafiken und Animationen einsetzen. Oder Erklärvideos in Form von Vorlesungen, die andere Universitäten ins Netz gestellt haben. Ich schaue mir beispielsweise manchmal Vorlesungen renommierter Unis aus den USA an, gerade wenn ich feststelle, dass ich meiner eigenen Veranstaltung nicht so gut folgen konnte.
- *Künstliche Intelligenz*: KI kann uns nicht nur dabei helfen, Inhalte besser zu verstehen (wir könnten beispielsweise bei einer Matheaufgabe einfach nach dem Lösungsweg fragen). KI kann uns auch auf Klausuren vorbereiten, indem wir Klausurfragen aufrufen und diese dann direkt korrigieren lassen.
- *Online-Quizze*: Gerade als Schüler:in findet man im Internet Webseiten, auf denen Wissen zu einem bestimmten Themenbereich spielerisch abgefragt wird.

- *Lernapps*: Es gibt mittlerweile zahlreiche Apps auf dem Markt, die uns den Lernprozess erleichtern. Seien es Angebote, die uns ermöglichen, digitale Notizen zu erstellen, Tools, die digitale Karteikarten erstellen oder Features, die Wissen vermitteln – sicher wirst auch du in diesem Bereich fündig.

Du merkst schon: Es muss nicht immer das langweilige Sachbuch sein, mit dem du dir neues Wissen aneignen kannst. Selbst wenn du im Unterricht oder in der Vorlesung an einem Thema keinen Spaß hast, heißt das nicht, dass du ihn nicht durch eines der anderen Lernformate selbst »erzeugen« kannst. Sei kreativ und suche dir Wege, wie dir Lernen wieder Freude bereiten kann.

Du kannst das Ganze übrigens auch noch unterstützen, indem du dir eine Umgebung schaffst, die dir das Lernen angenehmer macht.

Ich zum Beispiel habe meinen Schreibtisch vor ein paar Jahren mit ein paar schönen Accessoires aufgehübscht, die dafür sorgen, dass ich mich viel lieber dransetze. Kerzen, Blumen, Fotos – was auch immer dir ein besseres Gefühl gibt – du solltest es nutzen. Das Gleiche gilt für deine Lernmaterialien. Viele Leute halten es für unnötig, sich schöne Stifte, Hefte oder Textmarker zu kaufen.

Ich sehe das anders. Je schöner die Gegenstände, desto lieber wollen wir sie auch nutzen und desto eher tun wir das in der Realität auch.

Und zuletzt: Lerne mit anderen. Nicht nur, weil andere dich eher dazu bringen, mit einer Aufgabe anzufangen (siehe letztes

Kapitel), sondern weil es in einer Gruppe gleich viel mehr Spaß macht. Ihr könnt euch gemeinsam in die Bibliothek oder ein schönes Café setzen und euch gegenseitig unterstützen. Das klingt doch gleich viel positiver, als zuhause allein in der dunklen Kammer zu lernen, oder?

So erhöhst du deine extrinsische Motivation

Motivation, die an eine äußere Belohnung geknüpft ist, lässt sich in der Regel leichter steigern als die, die du in dir »erzeugen« musst. Hast du es trotz allem geschafft, dein intrinsisches Motivationslevel zu erhöhen, bist du auf dem besten Weg!

Wie kannst du das Thema extrinsische Motivation nun aber konkret angehen?

Der Dreh- und Angelpunkt im Bereich Lernen ist vermutlich der Wunsch gute Noten zu haben. Hierbei ist es wichtig dir klarzumachen, warum gute Noten für dich ganz persönlich erstrebenswert sind. Tut es deinem Ego gut, weil du dir so selbst beweist, dass du für ein bestimmtes Fach Talent hast? Oder möchtest du Anerkennung von anderen bekommen, zum Beispiel von deinen Eltern oder Freunden?

Oder strebst du gute Noten an, weil sie dir bessere Chancen auf dem Jobmarkt bescheren und du so eher deinem Traumjob näherkommst?

Egal, was es ist – finde heraus, was für dich gute Noten zu etwas macht, das du gerne *haben* möchtest. Nur so können sie dich wirklich motivieren.

Hast du in diesem Punkt mehr Klarheit gewonnen, kann es helfen, deine Lernfortschritte zu tracken. Sowohl in der Schule als auch in der Uni erhältst du ja nur alle paar Wochen bzw. Monate Noten. In den Phasen dazwischen kann es schon mal schwierig werden, sie als Motivation zu nehmen, da sie »ja noch so weit weg sind«.

Kannst du aber zum Beispiel täglich etwas abhaken, merkst du deutlich, wie du deinem Gesamtziel (der guten Note) immer ein Stückchen näherkommst. Du spürst, dass es vorangeht, dass du Fortschritte machst – und das motiviert.

Auch hier kommen wieder die guten alten To-do-Listen ins Spiel. Darauf solltest du sehr kleinschrittig notieren, was alles für deine Klausur zu tun ist. Dann kannst du jeden erledigten Punkt abhaken.

<u>To-do für die Englischklausur</u>

- ☐ Materialien raussuchen & einheften
- ☐ Altklausuren besorgen
- ☐ Kernbereiche herausfiltern
- ☐ Karteikarten erstellen
- ☐ Karteikarten durchgehen
- ☐ Altklausuren bearbeiten

Daneben sind sogenannte **Habit Tracker** auch eine tolle Möglichkeit, um zu überprüfen, wie gut du vorankommst. Dabei notierst du eine Tätigkeit, die du für einen bestimmten Zeitraum täglich umsetzen möchtest (z. B. alle Vokabeln der Lerneinheit wiederholen). Dann schnappst du dir einen Kalender und machst an jedem Tag, an dem du diese Gewohnheit erledigt hast, ein Kreuz.

Gewohnheit	Datum 1. 2. 3. 4. 5. 6. 7. 8. 9. 10. 11. 12. 13. 14. 15. ...
Vokabeln lernen	x x x x x
Sport treiben	x
Aufräumen	x x x
Altklausuren lösen	x x x x x x

Jedes *x* in deinem Kalender ist ein Schritt in Richtung deines zukünftigen Lern-Ichs. Jedes *x* motiviert dich, weiterzumachen. Und je öfter du ein *x* in deinem Kalender markierst, desto geringer wird die Wahrscheinlichkeit, dass du diese Tätigkeit, die mittlerweile zur Gewohnheit geworden ist, wieder ablegst. Warum? Weil wir es lieben, Dinge zu *sehen*. Diese Methode motiviert uns zum Weitermachen, weil wir *klar vor Augen haben, was wir bereits geschafft haben.* Das erinnert uns daran, unser tägliches Ziel nicht aus den Augen zu verlieren und steigert unsere Motivation und Willenskraft. Anstatt uns auf das zu konzentrieren, was wir in der Zukunft noch tun müssen, konzentrieren wir uns auf das, was wir bisher getan haben und was wir heute tun werden.

Und letzter Punkt: Es kann auch helfen, dich selbst zu belohnen. Du musst also gar nicht darauf warten, dass Lehrer:innen oder Professorinnen und Professoren dies mit der gewünschten Note tun (darauf ist ja bekanntlich auch nicht immer Verlass), sondern kannst selbst aktiv werden. Das hilft, deine Motivation aufrechtzuerhalten und das Lernen zu einem positiven Erlebnis zu machen.

Kleines Belohnungs-Coaching:

Du kennst dich selbst am besten und weißt, was du als angenehm und motivierend empfindest. Hier kommen noch weitere Ideen, die dir vielleicht einen zusätzlichen Impuls geben können:

- *Spaß- und Entspannungsaktivitäten*: Dies können Aktivitäten sein, die du gerne machst, wie zum Beispiel Zeit mit Freunden verbringen, ein gutes Buch lesen, einen Film schauen oder ein Bad nehmen.
- *Selfcare*: Dazu zählt alles, was dir in diesem Bereich guttut, wie zum Beispiel Sport treiben, gesundes Essen, ausreichend Schlaf oder Zeit in der Natur verbringen.
- *Neue Erfahrungen*: Vielleicht gibt es etwas, das du immer schon mal ausprobieren wolltest, wie zum Beispiel ein neues Hobby beginnen, eine Reise unternehmen oder einen Kurs belegen?
- Und noch ein paar konkretere Beispiele:
- Gönne dir ein gutes Essen oder einen Lieblingssnack, nachdem du deine Lerneinheit abgeschlossen hast.
- Nimm dir eine Stunde Zeit, um dich mit deiner Lieblingsserie oder deinem Lieblingsfilm zu entspannen, nachdem du eine schwierige Aufgabe bewältigt hast.

- Gönne dir ein neues Kleidungsstück oder sonst etwas Schönes, wenn du ein größer angelegtes Lernziel erreicht hast. Vielleicht könnte das ja auch ein technisches Gerät sein, das dich in Zukunft sogar beim Lernen unterstützt?

Es ist wichtig, Belohnungen zu wählen, die für dich angemessen sind und die du dir auch leisten kannst. Und was deine Leistung betrifft, die Latte nicht ganz am oberen Ende anzusetzen. Erreichst du dein Ziel selten oder nie, entsteht nur Enttäuschung. Und die motiviert nun einmal nicht. Das kannst du dabei beachten:

- Setze dir klare Ziele und Belohnungen: Wenn du weißt, was du erreichen willst und welche Belohnung du dafür erhältst, ist es wahrscheinlicher, dass du motiviert bleibst.
- Belohne dich regelmäßig: Belohnungen sollten nicht nur für große Ziele reserviert sein. Auch für kleine Fortschritte solltest du dir selbst etwas Gutes tun, um deine Motivation aufrechtzuerhalten.
- Variiere deine Belohnungen: Wenn du dir immer die gleichen Belohnungen gönnst, kann es schnell langweilig werden. Wechsle durch, um den Effekt lebendig zu halten.

Was Stimmung mit deiner Motivation macht

Unsere Stimmung beeinflusst unsere Motivation enorm. An Tagen, an denen wir schlechte Laune haben, alles grau und trist aussieht, haben wir weniger Lust mit dem Lernen anzufangen als an Tagen, an denen wir bereits mit einem Lächeln im Gesicht aufgestanden sind.

Das zeigt auch eine Studie zum Thema Hedonismus aus dem Jahr 2016: Diese fand heraus, dass Probandinnen und Probanden, die schlecht gelaunt waren, tendenziell Aktivitäten nachgingen, die die eigene Stimmung verbessern konnten.[58]

Das kennst du vielleicht auch von dir selbst: Wenn du schlechte Laune hast, schaust du dir eventuell eher eine Komödie an als ein Drama oder hörst poppige statt trauriger Musik.

Lernen, das oft eher mit negativen Gefühlen in Verbindung gebracht wird, steht damit nicht so weit oben auf der Liste von Dingen, die man tut, wenn man ohnehin schon mies gelaunt ist.

Ich finde es also immer wichtig, mich vor dem Lernen selbst in eine einigermaßen gute Stimmung zu bringen. Dafür habe ich sogenannte »Prä-Lern-Rituale«. Das sind Rituale, die ich immer umsetze, bevor ich starte. Ich mache mir ein leckeres Heißge-

---

58 *Taquet, M., Quoidbach, J., de Montjoye, Y. A., Desseilles, M., Gross, J. J. (2016). Hedonism and the choice of everyday activities. Proceedings of the National Academy of Sciences of the United States of America, 113(35), 9769–*9773. DOI:10.1073/pnas.1519998113

tränk, das mir direkt gute Laune verschafft. Oder höre zehn Minuten meine Lieblingsplaylist und tanze (ganz eventuell) einige Minuten durch mein Zimmer.

Was auch immer *dir* jetzt in den Sinn kommt: Es hilft jedenfalls die Schreibtischsession nicht mit komplett trüber Stimmung zu starten.

Planung und Vision – Motivationsbooster

Viele, viele Menschen wachen jeden Tag auf in der *Hoffnung*, *heute* motiviert zu sein. Sie hoffen, heute in der richtigen Stimmung zu sein, um einen Essay zu schreiben. Oder um endlich die Recherchen für die nächste Hausarbeit anzugehen. Oder um für die anstehende Klausur zu lernen.

Die Wahrheit ist aber: Motivation wird nie einfach »da« sein. Motivation kommt, wenn wir erst mal anfangen. Wir Menschen sind faule Lebewesen. Rein evolutionär gesehen bringt es uns einfach mehr faul zu sein. Schließlich musste man als Höhlenmensch seine ganze Energie sparen, um im Ernstfall genug davon zur Verfügung zu haben. Wir leben zwar nicht mehr als Höhlenmenschen. Unser Gehirn hat das aber noch nicht vollständig verstanden und möchte *immer noch* Energie sparen. Entsprechend ist es kein Wunder, dass wir uns selten richtig motiviert für irgendwas fühlen, das anstrengend ist. Und daher ist es wichtig, nicht länger auf die eigene Motivation zu warten (sie wird wahrscheinlich nicht kommen), sondern Aufgaben aktiv einzuplanen und mit ihnen zu starten.

Wenn wir nämlich etwas fest im Kalender stehen haben, ist es viel unwahrscheinlicher, dass wir es am Ende nicht durchziehen. Das läuft ähnlich wie mit einem Arzt-Termin. Den hält man in der Regel ja auch ein – weil er eben eingetragen ist.

Genau so sollten wir uns auch unser Lerndate mit uns selbst eintragen.

Die Time-Blocking-Methode

Besonders gut funktioniert das mit der **Time-Blocking-Methode**, einer Zeitmanagement-Technik, bei der du deinen Tag in Zeitblöcke unterteilst. Jeder Block ist für eine bestimmte Aufgabe oder eine Gruppe von Aufgaben reserviert.

Das bedeutet, dass du nicht einfach eine To-do-Liste zur Hand hast, die du abarbeiten musst. Stattdessen verfügst du über einen konkreten Zeitplan, der dir sagt, was du wann erledigen wirst.

Wenn du deine Tage im Voraus in Zeitblöcke clusterst, musst du nicht ständig entscheiden, worauf du dich konzentrieren willst, oder ob du gerade Lust auf die anstehende Aufgabe hast – oder nicht. Du brauchst dich einfach nur an deinen Zeitplan zu halten. Das funktioniert also ganz ähnlich wie die 3–2-1 Methode beim Thema »Prokrastination«. Je weniger Zeit du hast darüber nachzudenken, warum du etwas *nicht* machen möchtest, desto eher erledigst du es.

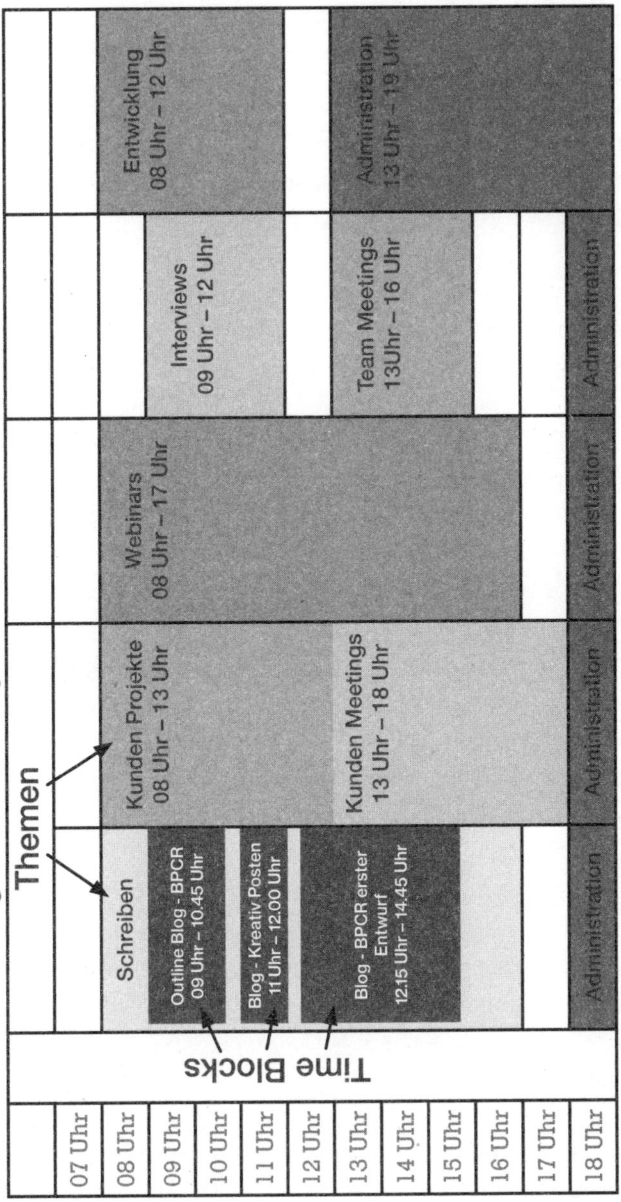
Montag
Dienstag
Mittwoch
Donnerstag
Freitag
Themen
Time Blocks
07 Uhr
08 Uhr
09 Uhr
10 Uhr
11 Uhr
12 Uhr
13 Uhr
14 Uhr
15 Uhr
16 Uhr
17 Uhr
18 Uhr
Schreiben
Outline Blog - BPCR
09 Uhr – 10.45 Uhr
Blog - Kreativ Posten
11 Uhr – 12.00 Uhr
Blog - BPCR erster Entwurf
12.15 Uhr – 14.45 Uhr
Kunden Projekte
08 Uhr – 13 Uhr
Kunden Meetings
13 Uhr – 18 Uhr
Webinars
08 Uhr – 17 Uhr
Interviews
09 Uhr – 12 Uhr
Team Meetings
13Uhr – 16 Uhr
Entwicklung
08 Uhr – 12 Uhr
Administration
13 Uhr – 19 Uhr
Administration
Administration
Administration
Administration

Visualisierungsstrategien

Auch Visualisierungen können deiner Motivation in Form konkreter und attraktiver Zukunftsszenarien einen positiven Schub versetzen. Sie funktionieren mehr visionär und weniger strukturell und gegenwärtig, wie Time-Blocking es beispielsweise tut.

Visualisierung bedeutet, dass du dir bewusst detaillierte Bilder – gern auch ganze Filme – der Ergebnisse im Kopf ausmalst, die du erreichen möchtest.

Das ganze Prinzip funktioniert, weil es eine sogenannte **strukturelle Spannung** erzeugt. Dieser Terminus aus der Psychologie beschreibt das, was in deinem Unterbewusstsein passiert, wenn du dir etwas vorstellst, das noch nicht existiert oder noch nicht geschehen ist.

Wenn du dir ein Ziel beispielsweise klar genug vorstellst – und alle Emotionen hervorrufst, die du hättest, wenn du es tatsächlich erreichen würdest – erlebst du die gleiche physiologischen Reaktion, als würdest du die Erfahrung tatsächlich machen. Das ist krass, oder?

Um das noch mal mit einem Beispiel deutlich zu machen: Wenn du dir vorstellst, dass du für die Klausur, die du nächste Woche schreibst, eine exzellente Note bekommst, wenn du dir vorstellst, wie glücklich du dabei sein wirst, dann fühlt sich das bereits so ähnlich an, als hättest du die Note tatsächlich schon in Händen.

Und von diesem positiven Gefühl wollen wir immer mehr. Und was ist das Einzige, das uns ein besseres Gefühl geben könnte als diese Vorstellung selbst? Richtig. Das Ziel (z. B. die gute Note) *tatsächlich* zu erreichen.

Das Schöne daran ist, dass Visualisierung nicht schwer ist und nicht viel kostet. Außerdem kann man sie so gut wie überall anwenden – zu Hause, in der Schule bzw. Uni, im Bus oder auf dem Laufband. Du kannst überall üben.

Alles, was du tun musst, ist, die Augen zu schließen und dir vorzustellen, wie du dein gewünschtes Ziel erreichst und wie es sich anfühlt.

Was genau möchtest du erreichen? Und wie fühlst du dich, wenn du genau dort ankommst? Wo befindest du dich? Welche Kleidung trägst du währenddessen? Wer ist in deiner Nähe?

Ein Vision Board erstellen

Da der Vorgang an sich jedoch rein mental abläuft und manche Leute Schwierigkeiten haben, sich Dinge vorzustellen, die nicht da sind, kann es helfen, sich ein sogenanntes **Vision Board** zu erstellen.

Ein Vision Board ist eine Collage aus Worten, Bildern und Symbolen, die deine Ziele oder Träume darstellen. Du kannst es zu jedem Thema anfertigen. Ganz gleich, ob du dich auf die Schule, dein Studium, Sport oder größere Lebensziele konzentrieren willst, es ist in der Regel ein wunderbares Hilfsmittel, das dir dabei hilft, dir selbst plastisch vor Augen zu führen, was du erreichen willst. Angenommen wir würden ein Vision Board für unsere Unilaufbahn erstellen, dann könnten wir Bilder von guten Zeugnissen, anderen motivierten Studentinnen und Studenten, schönen Bibliotheken, Auslandsaufenthalten, Abschlussfeiern, unseren zukünftigen Jobs und dazu bestimmte Zitate platzieren, die uns motivieren.

Grundsätzlich existieren bei diesem kreativen Prozess keine Denkschranken. Kein Ziel ist zu klein – wenn es dir wichtig ist und du es erreichen willst, solltest du es mit aufnehmen.

Tipps, wie du deine Motivation weiter steigerst

Zum Schluss möchte ich dir noch weitere Tipps mit an die Hand geben, die dir dabei helfen beim Lernen deinen Antrieb zu halten bzw. ihn überhaupt einmal zu entwickeln.

Arbeite mit dem Hawthorne-Effekt

Dieses psychologische Phänomen beschreibt die in wissenschaftlichen Studien nachgewiesene offenbare Neigung von Personen, die »Gegenstand« einer empirischen Untersuchung sind, ihr Verhalten nur deshalb zu ändern oder zu verbessern, weil es unter Beobachtung steht. Und nicht weil sich Studienparameter ändern oder auslösende Reize. Einfach gesagt: Wer im Fokus steht und gegebenenfalls dabei auch noch bewertet wird, verhält sich eher »wünschenswert«, als er es im unbeobachteten Zustand tut bzw. wenn er nicht mitbekommt, dass er beobachtet wird.[59]

Diesen Effekt kannst du dir zunutze machen, indem du häufig in öffentlichen Räumen lernst – zum Beispiel in Bibliotheken, Cafés oder in der Aula.

Umringt von anderen Studierenden oder Schüler:innen, die im Idealfall gerade selbst lernen, möchte man nicht die Person sein, die zwar ihre Lernutensilien ausgepackt hat, dann aber nur am Handy war.

---

59 *https://flexikon.doccheck.com/de/Hawthorne-Effekt*

Falls du gerade nicht die Möglichkeit hast, an einem öffentlichen Ort zu lernen oder du dich unter anderen Menschen grundsätzlich unwohl fühlst, kannst du auch deine Kamera zu Hilfe nehmen. Stelle sie an deinem Arbeitsplatz auf, wähle als Aufnahmeoption den Zeitraffermodus und wenn du dann ganz mutig bist, filme dich, während du arbeitest.

Ich weiß, es klingt beim ersten Lesen vielleicht etwas befremdlich. Aber probiere es einfach mal aus, wenn du magst – du wirst feststellen, dass du viel konzentrierter bei der Sache bleibst. Schließlich weißt du unterbewusst, dass du gerade gefilmt wirst und irgendwo möchtest du dir auch selbst beweisen, dass du in der Lage bist, das Lernen wirklich mal durchzuziehen. Keiner möchte sich hinterher ein Video ansehen müssen, das zeigt, wie man nur lustlos auf sein Blatt starrt.

Fang klein an

Wenn du loslegen möchtest, dich aber immer blockiert fühlst, starte einfach mit der kleinsten Aufgabe: Sende zum Beispiel eine E-Mail an deinen Lehrer oder deine Lehrerin, um eine Frage zu stellen, oder sortiere die Lernzettel vom vergangenen Abend.

Dadurch versetzt du dich in deinen Arbeits- bzw. Lernmodus. Grundsätzlich fühlen wir uns produktiv, wenn bereits eine kleine Aufgabe geschafft ist, und sind gleich viel mehr im Glauben, den Rest der To-do Liste auch noch wuppen zu können.

Starten wir stattdessen mit unserer größten und schwierigsten Aufgabe, kann schnell Frustration aufkommen, weil es nicht so rasch vorwärts geht, wie wir uns das wünschen würden. Das wiederum wirkt als Motivationskiller. Entsprechend sollten wir immer mit etwas Kleinem, Einfachen loslegen.

Setze dir eigene Deadlines

Allzu oft gehen mangelnde Motivation und Prokrastination Hand in Hand. Es fällt uns schwer, uns zum Handeln aufzuraffen, wenn wir das Gefühl haben, dass wir noch eine Ewigkeit Zeit haben, um die anstehende Aufgabe zu erledigen. Ohne eine Frist im Nacken haben wir kaum einen Grund, uns an die Arbeit zu machen. Warum sollten wir uns heute um unsere Hausarbeit kümmern, wenn die Abgabe erst in vier Wochen ist? Oder warum sollten wir heute lernen, wenn die Klausur, für die wir lernen, noch in ferner Zukunft liegt.

Aus diesem Grund ist es laut Wissenschaft hilfreich, sich künstliche Deadlines zu setzen. Setze dir selbst ein Datum, zu dem du fertig werden möchtest.

Das geht auch Hand in Hand mit der Idee des **Parkinsonschen Gesetzes**, das besagt, dass sich Arbeit in dem Maße ausdehnt, wie die zur Fertigstellung vorgesehene Zeit verstreicht.[60]

Das bedeutet, dass wir oft exakt so lange brauchen, wie wir Zeit haben. Wenn wir eine Hausarbeit in zwei Wochen abgeben müssen, bekommen wir sie in exakt diesen zwei Wochen fertig. Wenn wir sie in drei Tagen abgeben müssen, schaffen wir es in der Regel auch in drei. Das liegt daran, dass wir bei mehr Zeit mehr Gelegenheit für häufige Änderungen haben (Perfektionis-

60 https://asana.com/de/resources/parkinsons-law

mus!) oder die Aufgabe ewig aufschieben. Unter Zeitdruck haben wir diesen Luxus nicht und arbeiten schneller sowie gleichzeitig fokussierter.

Mach dir unsere verzerrte Zeitwahrnehmung zunutze, indem du dir Fristen in Tagen und nicht in Wochen oder Monaten setzt. Tage erscheinen einem nämlich immer viel »näher« als Wochen oder Monate: Eine Deadline, die in 30 Tagen abläuft, klingt schneller heranrückend, als eine die es in einem Monat tut – obwohl es sich faktisch um dieselbe Zeitspanne handelt.

Anstatt zu formulieren, dass du deine Hausarbeit in zwei Monaten abgeben möchtest, sage dir lieber, dass du sie in 60 Tagen abgeben wirst. Die Forschung hat ergeben, dass diese Art der Fristsetzung dein zukünftiges Ich besser mit deinem gegenwärtigen Ich verbindet, was dich dazu anspornt, mit der Arbeit zu beginnen – selbst in Momenten, in denen du dich völlig unmotiviert fühlst.

Nutze das Prinzip der Verlustaversion

Verlustaversion bezieht sich auf die Tatsache, dass wir stärkere Emotionen empfinden, wenn wir etwas verlieren, als wenn wir das Gleiche gewinnen.[61] Das lässt sich am besten anhand eines Beispiels erklären: Wenn du 10 Euro auf dem Boden finden würdest, würdest du dich freuen. Aber wenn du 10 Euro in deiner Hosentasche hättest und sie verlieren würdest, wärst du vermutlich viel unglücklicher. Das liegt daran, dass Verluste oft

---

61 *https://bonndoc.ulb.uni-bonn.de/xmlui/bitstream/handle/20.500.11811/7440/5054.pdf?sequence=1&isAllowed=y*

mit negativen Emotionen wie Traurigkeit, Wut oder Angst verbunden sind, die stärker wirken.

Wie können wir das beim Lernen ausnutzen?

Für alle Hardliner unter uns, kommt jetzt der folgende Tipp: Setze etwas aufs Spiel, wenn du dich unmotiviert fühlst. Ja, ganz richtig gehört. Es gibt beispielsweise Webseiten, auf denen du Geld einsetzt und dann ein festes persönliches Ziel definierst. Je nachdem, ob du es erreichst oder nicht, wird das eingesetzte Geld entweder an dich zurücküberwiesen – oder an eine Anti-Charity-Organisation gespendet.

Dort würdest du dein Geld wahrscheinlich nicht sehen wollen, richtig?

Genau dieser Gedanke treibt dich dann an, auf dein Ziel hinzuarbeiten. Übrigens gibt es auch Wecker, die genau nach diesem Prinzip arbeiten. Bei mehrfachem Drücken der Snooze-Taste wird einfach Geld abgebucht…

Ansonsten kannst du das Prinzip der Verlustaversion auch nutzen, indem du dir Gedanken darüber machst, was du verlierst, wenn du nicht lernst, anstatt nur zu fokussieren, was du gewinnst, wenn du es tust.

Das ist eine andere Perspektive und rein psychologisch gesehen für einige sogar effektiver: Die Angst vor einer schlechten Note könnte in dem Fall stärker wirken und eher motivieren als die Hoffnung auf eine gute Note.

Hinterfrage deine Motivationsquellen

Manchmal arbeiten wir, ob nun bewusst oder unbewusst, mit einer bestimmten Motivationsstrategie, die sich aber über die Zeit »erschöpft«. Ich kenne diesen Effekt aus eigener Erfahrung:

Ich habe die ersten Schuljahre unfassbar viel Motivation gehabt zu lernen und war stolz darauf, von Lehrer:innen und auch meinen Eltern die entsprechende Anerkennung zu bekommen. Du erinnerst dich an die »Dopaminspirale«: Anerkennung lässt den Dopaminspiegel im Körper ansteigen. Ein steigender Dopaminspiegel wird als positiv empfunden, das heißt er motiviert uns weiter, uns in Richtung der Belohnung zu bewegen (zum Beispiel durch Lernen). Wenn wir das Ereignis dann tatsächlich erleben (die gute Note bekommen), steigt der Dopaminspiegel noch weiter an.

Erlebt man jedoch dasselbe Ereignis (gute Noten) immer wieder, wird weniger Dopamin ausgeschüttet. Das bedeutet, dass die gleiche Note, die gleiche Anerkennung dir irgendwann möglicherweise nicht mehr das gleiche Gefühl von Belohnung geben wie bei den ersten Malen. Genau so ging es mir: Irgendwann war all das selbstverständlich für mich geworden. Sehr gute Leistungen einzufahren hat mir nie wieder die gleiche Freude bereitet wie am Anfang. Und das liegt daran, dass mein Dopaminspiegel einfach nicht mehr auf gute Noten angesprungen ist. Dadurch ist auch meine Motivation immer weiter gesunken, intensiv zu lernen. Daher ist es wichtig, dass wir regelmäßig überprüfen, ob die Art und Weise, wie wir uns selbst motivieren, noch so funktioniert, oder ob wir gegebenenfalls auf eine andere Methode umsteigen sollten.

Key-Learnings aus Kapitel 5

- Du hast erfahren, dass Motivation zwei Komponenten hat: die intrinsische und die extrinsische.
- Die intrinsische Motivation lässt sich steigern, indem du den Lernprozess an sich kreativer gestaltest und Lernen nicht mehr als ein »Müssen«, sondern eher als ein »Können« oder »Dürfen« ansiehst.
- Die extrinsische Motivation lässt sich steigern, indem du dich selbst belohnst oder Habit-Tracking betreibst.
- Je besser du gelaunt bist, desto eher hast wir auch Motivation, die Dinge anzupacken.
- Motivation kommt nie »einfach so« – du musst selbst erst mal durch Methoden wie Planung anfangen.
- Visualisierung erhöht die Motivation.
- Du kannst dir psychologische Phänomene wie den Hawthorne-Effekt oder die Verlustaversion zunutze machen, um langfristig motiviert zu bleiben.

Notizen

TEIL 6

Wie du produktiver wirst und bleibst

Die größten Baustellen haben wir nun abgearbeitet. Du weißt jetzt, wie du richtig lernst, aber auch wie du konzentriert und motiviert bleibst.

Der letzte Baustein, der für einen erfolgreichen Lernfortschritt noch relevant ist, ist deine eigene **Produktivität**.

Wir sind ständig von Informationen und Aufgaben überflutet. Da kann es schon mal schwierig sein, den Überblick zu behalten und alles zu erledigen, was wir wollen oder müssen. Es ist also wichtig, dass du weißt, wie du dich richtig organisieren, wie du deine Zeit effizient einteilen und du entscheiden kannst, welche deiner Aufgaben gerade *wirklich* wichtig sind… und welche nicht. Damit wollen wir uns in diesem letzten Kapitel beschäftigen.

Was ist Produktivität?

Produktivität ist eigentlich ein Begriff, der aus der Wirtschaft kommt und das Verhältnis zwischen dem beschreibt, was man erreicht, und dem, was man dafür investiert. Wenn man produktiv ist, erreicht man also mehr mit weniger Aufwand.

Es geht – anders als häufig dargestellt – also nicht vorrangig darum, dass wir alle mehr arbeiten oder mehr lernen und insgesamt mehr leisten. Darum *kann* es gehen.

Es geht aber genauso darum, wie wir unsere Aufgaben effizienter erledigen, damit wir mehr Zeit für uns und unsere Liebsten haben. Es geht darum, das meiste aus seiner Zeit herauszuholen. Wofür man diese gewonnene Zeit dann nutzt, ist jedem selbst überlassen.

Wie kannst du deine Produktivität steigern?

Da das Thema so vielschichtig ist und es unzählige Methoden gibt, um effizienter zu arbeiten, liste ich dir meine Favoriten einfach mal auf den kommenden Seiten auf. Du kannst für dich entscheiden, was dich am meisten anspricht, was du einmal ausprobieren möchtest und was nicht. Denn wie immer gilt: Es gibt keine »One-size-fits- all«-Lösung. Wir ticken alle unterschiedlich und was dem einen hilft, stresst den anderen oder zieht ihn runter.

Daher: Bei dir bleiben und nur das rauspicken, was sich für dich gut anfühlt!

Die Getting-Things-Done-Methode

Getting Things Done (GTD) ist ein von David Allen entwickeltes und durch seinen gleichnamigen Bestseller bekannt gewordenes, allumfassendes Produktivitätssystem.[62] GTD zielt darauf ab, den hektischen Stress zu beseitigen, der entsteht, wenn man zu viel auf dem Teller hat, indem man diese Ideen in ein organisiertes System außerhalb des eigenen Kopfes packt.

Ich selbst organisiere alle meine Aufgaben seit ein paar Jahren nach exakt diesem System und schaffe seitdem nicht nur mehr, sondern verspüre deutlich weniger Stressgefühle, die mich früher täglich (oder sogar stündlich) verfolgt haben, weil ich einfach *so viel* im Kopf hatte.

Die grundlegenden Schritte der GTD-Methode sind folgende:

1. Du startest mit einem sogenannten *Brain Dump*. Schreibe dabei einfach alles, was du zu tun hast, herunter. Das muss noch gar nicht groß strukturiert sein.

2. Formuliere aus dem Sammelsurium an Punkten konkrete Aufgaben. Wenn du einfach nur »Lernen« aufgeschrieben hast, kläre jetzt, ob du für Fach A oder B zu lernen hast. Kläre außerdem, was genau mit »Lernen« gemeint ist – einen Text lesen, Karteikarten erstellen oder etwas ganz anderes?
   Wenn es sich um eine große Aufgabe handelt, wie z. B. für eine umfangreiche Klausur zu lernen, solltest du sie in kleinere Schritte unterteilen. Je kleiner, desto besser.

---

62 Allen, D. (2015). Getting things done: The Art of Stress-Free Productivity. Penguin.

Kleine Schritte wirken weniger einschüchternd, sodass du sie als Erstes in Angriff nehmen willst.

3. Jetzt, wo du dir deine Aufgaben klargemacht hast, musst du sie nach Prioritäten ordnen, wenn möglich Deadlines festlegen und sie vielleicht in Projekte oder Aufgabentypen einteilen, die du auf einmal erledigen kannst (z. B. E-Mails oder Anrufe).

4. Schaue dir deine Aufgabenliste täglich und wöchentlich an. Gibt es irgendwelche Schritte in deinen Projekten, die noch zu vage sind? Gliedere sie dann weiter auf. Gibt es Deadlines, die im Nachhinein unangemessen sind? Passe sie an. Sind einige Punkte auf der Liste nicht mehr relevant? Streiche sie.

5. Nimm die Liste in Angriff.

Die 80–20-Regel

Die **80/20-Regel** oder das **Pareto-Prinzip** besagt, dass 80 Prozent unserer Bemühungen zu 20 Prozent unserer Ergebnisse führen und umgekehrt.[63] Diese Regel wird auch das Pareto-Prinzip genannt. Benannt ist es nach dem italienischen Wirtschaftswissenschaftler Vilfredo Pareto.

Sie lässt sich auf viele Bereiche des Lernens übertragen: Ungefähr 20 Prozent des Buches, das wir für ein Fach lesen müssen, sind wirklich so relevant, dass sie uns 80 Prozent des Themas vermitteln. Genauso machen 20 Prozent unserer Lernzeit 80

---

63 www.timr.com/a/pareto-prinzip/

Prozent unseres Lernergebnisses aus. Das liegt daran, dass nicht aller Input, den wir bekommen, auch wirklich wichtig für unser Verständnis des Themas ist.

Wenn wir zum Beispiel ein Kapitel von insgesamt zehn Kapiteln unseres Buches lesen, bedeutet das nicht, dass wir 1/10 des Gesamtwissens erfahren haben, das darin steckt! Es kann sogar sein, dass wir vielleicht nur mit ein bis fünf Prozent vertraut geworden sind, weil es ein einführendes Kapitel war und dementsprechend nicht so viele echte Informationen enthalten hat, wie Seiten aus dem Mittelteil des Buches.

Ähnlich funktioniert das bei Lehrveranstaltungen. Nur weil du die erste Vorlesung von 12 in einem Semester besucht hast, bedeutet das nicht, dass du 1/12 des Lernstoffes kennengelernt hast. Wahrscheinlich wird in der Klausur am Ende des Semesters gar nichts aus dieser einen Veranstaltung abgefragt, weil sie kaum relevante Informationen hierzu geliefert hat.

Du siehst also: Es gibt deutliche Unterschiede was die Wichtigkeit von Lernstoff (und auch von Aufgaben) betrifft. Wenn du also Zeit dazugewinnen willst, ist es wichtig, die *wirklich* relevanten Informationen herauszufiltern, um dich auf diese zu konzentrieren. Im Zweifel kannst du dann die weniger wichtigen Details weglassen, was Zeit spart.

Das hört sich in der Theorie zwar toll an, aber wie wendet man das tatsächlich an? Wie kannst du erkennen, welche Teile deiner Kurse am wichtigsten sind? Ich gebe dir hierzu einmal ein Kurzcoaching aus meiner eigenen Erfahrung (das du natürlich mit deinen eigenen Erfahrungswerten abgleichen musst):

In fast allen Kursen sind nur die im Unterricht bzw. in der Vorlesung besprochenen Inhalte tatsächlich prüfungsrelevant. Wenn ein Thema nicht im Unterricht behandelt wird, es dazu aber trotzdem Informationen im Lehrbuch gibt, kannst du sie dir bei viel Zeit oder Interesse durchlesen – unter Zeitdruck würde ich darauf aber verzichten.

Achte darauf, *wie* Dozentinnen und Dozenten oder Lehrer:innen über ein Thema sprechen – wenn es ausführlich und über einen längeren Zeitraum behandelt wird, ist es wahrscheinlich etwas, das du dir für die Prüfung merken solltest. Besonders wenn Bemerkungen fallen wie:

»Das ist mir besonders wichtig«

»Ein gutes Beispiel dafür ist…«

»Die allermeisten Schüler:innen/Studierende verstehen dies nicht…«

»Mir ist wichtig, dass ihr jetzt zuhört«

Es kann auch helfen, dir Altklausuren anzusehen, also Tests, die bereits früheren Jahrgängen vorgelegt wurden. Sowohl in der Uni als auch in der Schule ist es so, dass Jahr für Jahr dieselben (oder zumindest nur abgewandelte) Fragen gestellt werden. Das liegt daran, dass auch Lehrpersonen Zeit sparen. Und daran, dass eben nur ein bestimmter Anteil des Lernstoffes *wirklich* relevant ist, ergo abgefragt werden sollte.

Selbst wenn du sicher weißt, dass jedes Jahr andere Fragen gestellt werden, ist es aber lohnenswert, Altklausuren zu checken.

Dadurch kannst du nämlich leichter identifizieren, welche Themenbereiche immer abgefragt werden, sodass du beim Lernen deinen Fokus darauflegen kannst.

Wichtig ist außerdem, nicht auswendig zu lernen, sondern zu versuchen zu *verstehen*! Ja, oft werden Details und Fachwissen abgefragt. Aber: Was bringt es uns, Fakten auswendig zu können, wenn wir sie im späteren Berufsleben nicht praktisch anwenden können, weil wir den Kern dahinter nie erfasst haben?

Um es noch einmal ganz klar zu sagen: Wenn du die Zeit hast, und das Thema vielleicht auch interessant findest, dann lerne das gesamte Material. Falls aber Zeitnot besteht, dann lies dir das komplette Material durch, aber achte darauf, dass du die meiste Lernzeit den wirklich wichtigen Themen widmest!

Get-Shit-Done-Tage

Manchmal passiert es, dass sich deine Aufgaben trotz aller Bemühungen und Methoden, die du bereits angewandt hast, quasi über Nacht zu vermehren scheinen. Genau dann, wenn du das Gefühl hast, dass du viel zu viel tun hast und deine To-do-Liste immer länger anstatt kürzer wird, solltest du einen Get-Shit-Done-Tag einlegen. Das ist idealerweise ein Tag am Wochenende, es ist nämlich wichtig, dass jetzt keine weiteren Aufgaben hereinflattern, sondern du wirklich Zeit hast, Liegengebliebenes zu erledigen.

Genau das tust du dann an diesem Tag. Du blockst dir die komplette Zeit, sammelst dich und versuchst alles abzuarbeiten, was dich die letzte(n) Woche(n) gestresst hat.

Ja, dadurch verlierst du einen Wochenendtag. Aber dadurch gewinnst du sehr viel innere Ruhe zurück, da du nicht deine kompletten To-dos *erneut* eine Woche weiterschieben musst. Stattdessen kannst du mit klarem Kopf in die neue Woche starten, was dich wiederum wieder viel aufnahmefähiger für neuen Lernstoff oder generell neue Aufgaben macht.

Vorlagen erstellen

Hierbei geht es darum, Material, das du in irgendeiner Form schon mal erstellt hast, zu recyceln und wiederzuverwenden.

Was ist damit konkret gemeint?

Es gibt Aufgaben, die stehen immer wieder an, zum Beispiel eine Präsentation erstellen, E-Mails schreiben oder Bewerbungsunterlagen für Praktika oder Nebenjobs absenden. Bei all diesen Aufgaben kannst du dir enorm viel Zeit sparen, wenn du dir für jeden einzelnen Usecase jeweils eine richtig gute Vorlage erstellst.

Ich habe beispielsweise vor zwei Jahren mal eine schöne Vorlage für Präsentationen erstellt. Anstatt mir jedes Mal neue Designs zu überlegen, passe ich diese Vorlage jetzt jedes Mal einfach neu an. Ich ändere Inhalte, Farben, vielleicht auch Symbole oder Schriftarten, aber am Ende des Tages dauert dieses schnelle Austauschen nicht mal ansatzweise so lange wie eine Präsentation von Grund auf neu zu gestalten. Mal davon abgesehen, dass ich darauf auch nicht jedes Mal Lust hätte. Ähnlich sieht es mit den Bewerbungsunterlagen aus: Hier habe ich einmal einen aussagekräftigen Lebenslauf erstellt, den ich je nach Art der Bewerbung anpasse, im Groben und Ganzen aber gleich lasse. Ebenso habe ich ein gutes Muster-Anschreiben formuliert. Seitdem passe ich dieses nur noch auf das jeweilige Unternehmen an, an das es adressiert ist – die Struktur bleibt aber gleich. Wichtig hierbei ist nur, dass du beim Anpassen wirklich eine individuelle Note erzeugst.

Du siehst also – einmal Energie zu investieren kann dir massiv Zeit und Denkkraft in der Zukunft sparen.

Task Batching

Das ist eine Produktivitätstechnik, bei der ähnliche Aufgaben zusammengruppiert und dann in einem bestimmten Zeitfenster erledigt werden. Das Ziel von **Task Batching** ist, den ständigen Wechsel zwischen Aufgaben (von Lernen zu E-Mails, von E-Mails zu Lernen) zu vermeiden. Dabei muss man sich nämlich ständig und immer wieder neu in Vorgehensweisen eindenken. Und das kostet Zeit. Zeit, die man sparen kann, wenn man clustert und somit pro Aufgabenkategorie nur noch ein einziges Mal strukturell eintauchen muss.

Beispiele für Task Batching sind:

- Alle E-Mails in einem Rutsch beantworten, anstatt ein paar morgens, ein paar am Nachmittag und die restlichen am Abend
- Alle wichtigen Gespräche (zum Beispiel Noten- oder Abschlussgespräche) in einen Zeitslot legen, anstatt sie queerbeet über den Tag zu verteilen
- Alle Hausaufgaben für ein bestimmtes Fach an einem Tag erledigen, anstatt sie auf verschiedene Tage zu verteilen

Erstelle dir eine To-do-Liste, am besten eine für die ganze Woche. Ich zum Beispiel plane gerne am Sonntag meine gesamte kommende Woche vollständig durch.

Gruppiere dann gleichartige Aufgaben zusammen. Entweder nach dem Ort, an dem sie erledigt werden, oder nach ihrem Inhalt.

Da man Task Batching super mit Timeblocking (siehe letztes Kapitel) verbinden kann, solltest du nun anfangen, deine Zeit in Blöcke zu unterteilen. Jeder Aufgabenkategorie, jedem »Batch« teilst du nun ein bestimmtes Zeitfenster zu.

In meinen Augen funktioniert das besonders gut für Schüler:innen oder Studierende, die neben dem Lernen noch einen Nebenjob haben oder Hobbys, die sehr zeitintensiv sind. Ich beispielsweise teile meine Tage oft so ein, dass ich morgens mit Lernen beschäftigt bin, nachmittags arbeite und abends kreative Aufgaben erledige, zum Beispiel Videos für meinen YouTube-Kanal zu schneiden.

Durch diese feste Trennung gelingt es mir, nichts durcheinanderzubringen, mich vollkommen auf einen dieser Aufgabenbereiche zu konzentrieren und vor allem: mich nicht immer neu in die Thematik eindenken zu müssen.

Überlege doch mal, an welchen Stellen du Task Batching in deinen Lern- und Tagesrhythmus einbauen kannst.

Priorisieren

Genauso wie wir Prioritäten innerhalb des Lernstoffes setzen müssen, sollten wir diese auch hinsichtlich unserer Zeitplanung einhalten. Bei der Fülle unserer Aufgaben ist es entscheidend zu definieren, was wichtig ist und was nicht.

Dabei kann uns eine sehr bekannte Methode namens **Eisenhower-Matrix** helfen.

Die Matrix ist eine einfache und effektive Methode zur Priorisierung von Aufgaben. Sie wurde nach dem ehemaligen US-Präsidenten Dwight D. Eisenhower benannt, der sie angeblich selbst verwendet hat, um seine Aufgaben zu priorisieren.

Die Eisenhower-Matrix basiert auf zwei Kriterien: *Wichtigkeit* und *Dringlichkeit*.

Eine Aufgabe ist *wichtig*, wenn sie einen positiven Einfluss auf deine Ziele hat. Das setzt natürlich voraus, dass du dir im Klaren darüber bist, was deine Ziele genau sind.

Eine Aufgabe ist *dringend*, wenn sie in kurzer Zeit erledigt werden muss.

Anhand dieser beiden Kriterien werden Aufgaben in vier Kategorien eingeteilt:

A-Aufgaben: wichtig und dringend. Das sind Angelegenheiten, die wir sofort erledigen müssen: Krisen/ Probleme lösen oder Fristen einhalten. Zum Beispiel Klausuren, die innerhalb der nächsten drei Tage anstehen oder Abgaben, die in den nächsten Tagen getätigt werden müssen.

B-Aufgaben: wichtig, aber nicht dringend. Das sind Aufgaben, die uns helfen, langfristige Ziele zu erreichen, aber keine dringende Frist haben (z. B. persönliche Weiterbildung im Rahmen des Studiums, um sich einen Vorteil im Lebenslauf zu verschaffen).

B-Aufgaben würde ich so lange zurückstellen, bis alle A-Aufgaben erledigt sind. Ich würde mir aber einen Vermerk machen, sodass ich sie nicht vergesse, und mir gegebenenfalls eine eigene Deadline setzen, sodass die Aufgabe nicht einfach liegenbleibt.

C-Aufgaben: nicht wichtig, aber dringend. Diese Aufgaben erfordern in diesem Moment unsere Aufmerksamkeit, helfen uns aber nicht, unsere Ziele zu erreichen. Das können beispielsweise Anliegen anderer Menschen sein (ein Kommilitone bittet dich, seine Hausarbeit gegenzulesen).

C-Aufgaben sind nicht unbedingt schlecht, können aber gerade in stressigen Situationen kritisch werden. Hier hilft nur, durchsetzungsfähiger zu werden und höflich nein zu sagen, damit wir uns auf unsere Prioritäten konzentrieren können (ja, das ist einfacher gesagt als getan. Dennoch führt kein Weg daran vorbei, öfter einmal Grenzen zu setzen, wenn wir uns langfristig nicht total kaputtmachen wollen).

D-Aufgaben: nicht wichtig und nicht dringend. Diese Aufgaben sind meist Ablenkungen und können den größten Teil des Tages in Anspruch nehmen, wenn wir es nicht schaffen, sie aktiv einzuschränken (zum Beispiel Serien schauen, Social-Media-Kanäle checken etc.). Diese Aktivitäten müssen nicht gestrichen, sollten aber verschoben werden, bis andere wichtige Aufgaben erledigt sind. Nach einem anstrengenden Tag kann man sich beim Fernsehen oder mit Social Media entspannen. Achte nur darauf, dass diese Aktivitäten dir nicht deine komplette Zeit fressen!

Die richtige Balance finden

Prioritäten sind gesetzt. Was aber, wenn wir viele A-Aufgaben haben? Uns viele verschiedene Dinge wichtig sind? Alle sprechen immer von Balance. *Work-Life-Balance* ist ein Begriff, mit dem allerorts um sich geworfen wird. Aber kann es sie wirklich geben?

Ich denke es stimmt, dass wir ein Gleichgewicht zwischen Lernen und Freizeit und später zwischen Arbeit und Freizeit herstellen müssen. Aber in meinen Augen müssen wir anders über Balance denken.

Die meisten Menschen sind der Auffassung, es würde bedeuten, alle Aktivitäten im Leben gleichzeitig unter einen Hut zu bringen, sprich jeden Tag oder jede Woche zu versuchen, für jeden Lebensbereich ein ausgewogenes Maß an Zeit aufzubringen. Man sollte also für das Lernen bestenfalls genauso viel Zeit haben wie für seinen Nebenjob, seine Freunde, seine Familie und die eigenen Hobbys.

Bereits an dieser Aufzählung merkst du, dass das kaum hinkommt, oder? Wenn man von acht Stunden Schlaf ausgeht, haben wir am Tag ungefähr 16 Wachstunden zur Verfügung. Ein gewöhnlicher Schul- oder Unitag dauert acht Stunden. Das ist bereits die Hälfte. Wie soll die andere Hälfte mit all den übrigen Lebensinhalten gleichmäßig gestaltet werden, wenn in dieser Rechnung noch nicht mal Grundbedürfnisse mit einbezogen sind wie Essen, Trinken oder Duschen, die ja auch alle Zeit kosten…?

Genau aus dem Grund glaube ich, ist es wichtig, die eigenen Ansprüche an Balance herunterzuschrauben. Denn in meinen Augen läuft das Ganze in Phasen ab:

Es gibt Zeiten in meinem Leben, da ist mein Job mein Ein und Alles, dann arbeite ich lange und konzentriere mich nur darauf. Zu anderen Zeiten steht mein Studium im Vordergrund. Dann lerne ich den Großteil des Tages und ignoriere die Arbeit. Zu anderen Zeiten haben mein Privat- und Familienleben Vorrang –

diese Gewichtung schwankt hin und her. Und das ist komplett in Ordnung. Denn wenn jeder Aspekt des Lebens mal Priorität hat (und damit meine ich nicht, dass die anderen Aspekte ignoriert werden sollten, sondern nur, dass einer eben zeitlich Vorrang hat), sind alle Bereiche auf das gesamte Leben gerechnet im Gleichgewicht.

Du musst für dich herausfinden, was *für dich* aktuell in deinem Leben Priorität hat, und dem solltest du deine Energie und Zeit widmen. Orientiere dich dabei nicht an dem, was für andere gerade wichtig ist (denn das kann bei dir komplett anders sein) und vor allem: Komme vom Gedanken weg, dass du allem gleichzeitig gerecht werden kannst. Das macht dich langfristig nur kaputt.

Key-Learnings aus Kapitel 6

- Du hast gelernt, dass Produktivität nicht unbedingt bedeutet, mehr sondern vor allem *effizienter* zu arbeiten.
- Dazu hast du verschiedene Produktivitätsmethoden kennengelernt.
- Die Getting-Things-Done-Methode ist ein System, das uns insgesamt dabei hilft, all unsere Aufgaben unter einen Hut zu bringen
- Die 80/20-Regel lehrt, dass nicht alles von dem, was wir an Informationen aufnehmen, auch wirklich relevant ist. Es ist wichtig, das Essenzielle herauszufiltern.
- Get-Shit-Done-Tage helfen dir dabei, Liegengebliebenes nicht von Woche zu Woche zu schieben.
- Vorlagen erstellen und mehrfach nutzen spart Zeit.
- Task Batching sorgt dafür, dass du dich nicht immer wieder neu in Aufgaben eindenken musst.
- Mithilfe der Eisenhower-Matrix kannst du die richtigen Prioritäten setzen.
- So etwas wie die perfekte »Work-Life-Balance« gibt es eigentlich gar nicht.

Notizen

Fazit

Und damit kommen wir auch schon zum Abschluss dieses Buches, in dem wir uns mit ganz verschiedenen Aspekten des Lernens befasst haben, die am Ende alle zusammenhängen. Wir haben uns angesehen, was im Gehirn passiert, wenn wir lernen, und Lerntechniken herausgearbeitet, die *wirklich* funktionieren.

Wir haben uns außerdem mit den Herausforderungen des Lernens beschäftigt – mit Konzentration und Motivation und erfahren, wie wir *endlich* aufhören alles aufzuschieben.

Natürlich kannst (und sollst) du diese Strategien nicht alle gleichzeitig umsetzen. Das wäre zu viel Input auf einmal und nicht zielführend. Vermutlich wird auch nicht jeder Ansatz für dich passend sein – schließlich haben wir in diesem Buch herausgearbeitet, dass es keine »One-size-fits-all«-Lösung beim Thema Lernen gibt.

Schaue individuell, welche Methoden du in welcher Kombination gut in deinen Alltag einbauen kannst.

Für den Anfang würde ich dir empfehlen, zunächst den **Active Recall** zu perfektionieren. Ich selbst habe damals als allererste Strategie das **Blurting** ausprobiert, da man es in fast jedem Fachbereich und mit jeder Stoffmenge anwenden kann.

Dieses Herangehen kannst du gut mit der Erstellung eines **retrospektiven Lernplans** paaren. Bereits diese beiden Tools begleiten dich im ersten Schritt bestens durch deine nächste Klausurenphase.

Hast du die eben genannten Basics in deine Lernroutine integriert, kannst du damit starten, Konzepte wie **Spaced Repetition** und **Interleaving** zu testen.

Aber: Alles Step by Step!

Lernen ist ein lebenslanger Prozess, der uns mit neuen Fähigkeiten und Wissen ausstattet. Es ist die Grundlage für persönliches Wachstum, berufliche Entwicklung und gesellschaftlichen Fortschritt. Lass uns also versuchen, diesen Prozess in Zukunft etwas positiver zu gestalten – mit wieder mehr Freude und Spaß. So wie es war, als wir damals das erste Mal in die Schule gegangen sind.

Danksagung

Ohne euch wäre dieses Buch nicht möglich gewesen.

Zuerst möchte ich mich bei meiner Familie und Freunden bedanken, die mich während des gesamten Schreibprozesses unterstützt und ermutigt haben.

Danke Mama, Papa und Louis – dafür, dass ich immer auf euch zählen kann.

Einen besonderen Dank möchte ich meiner besten Freundin widmen, die mir immer den Rücken gestärkt hat und auch um 2 Uhr nachts noch meine Sprachnachrichten angehört hat, wenn ich mal wieder an Problemen wie der richtigen Formatierung gescheitert bin.

Daneben gilt natürlich ein besonderer Dank meinem Verlag.

Vielen Dank, dass ihr euch dieses Themas angenommen habt und mir die Chance gegeben habt, mein erstes, eigenes Buch zu veröffentlichen. Das weiß ich sehr zu schätzen.

Auch meiner Lektorin möchte ich danken. Sie war diejenige, die die allererste Version dieses Buches – welche definitiv noch ausbaufähig war – gelesen hat. Vielen Dank für die vielen Anregungen, Caro, und dafür, dass aus meinen teils sehr verschachtelten Sätzen tatsächlich ein schöner Text geworden ist.

Ich möchte mich bei meinem Team bedanken. Ganz besonders bei meiner Managerin Canan, die alles darangesetzt hat, meinen Traum von einem eigenen Buch zu verwirklichen. Danke für deine Unterstützung und dafür, dass du immer an dieses Projekt – und an mich – geglaubt hast!

Final möchte ich mich aber auch bei *euch* bedanken!

Euch Leserinnen und Lesern und ganz besonders denjenigen, die mich teilweise schon seit Jahren auf YouTube oder allen anderen Social-Media-Plattformen begleiten. Aus der Idee, einfach ein paar Lerntipps aus meiner eigenen Schulzeit zu teilen, ist über die Jahre eine Community und nun ein Buch geworden, auf das ich verdammt stolz bin.

Ihr inspiriert mich Tag für Tag mit euren zahlreichen Nachrichten, euren lieben Kommentaren und auch eurer konstruktiven Kritik, die mich motiviert, immer besser zu werden. DANKE!

Ich hoffe, dass ich euch mit diesem Buch und dem darin enthaltenen Input ein Stück davon zurückgeben konnte.

Impressum

1. Auflage
Originalausgabe

Covergestaltung: Jürgen Kiermeier, YUNA
Bildnachweis: AdobeStock: Jon Anders Wiken, Anatolii, antimartina, Bordinthorn, ComicVector, dlyastokiv, endstern, ewapee, jelena990, Lidiia Koval, linebyline, MarekPhotoDesign.com, NRkz, POSMGUYS, Prostock-studio, samunella, Sandi, sasamin, sebra, strichfiguren, Wavebreak Media, wendeliu,Ирина Яшкирева,
Layout/Satz: Jürgen Kiermeier, YUNA
Druck und Bindung: CPI books GmbH, Leck

MIX
Papier | Fördert gute Waldnutzung
FSC® C083411

Printed in the EU
Penguin Random House Verlagsgruppe ®N001967

ISBN 978-3-517-30349-9